天下 雜誌出版
CommonWealth
Mag. Publishing

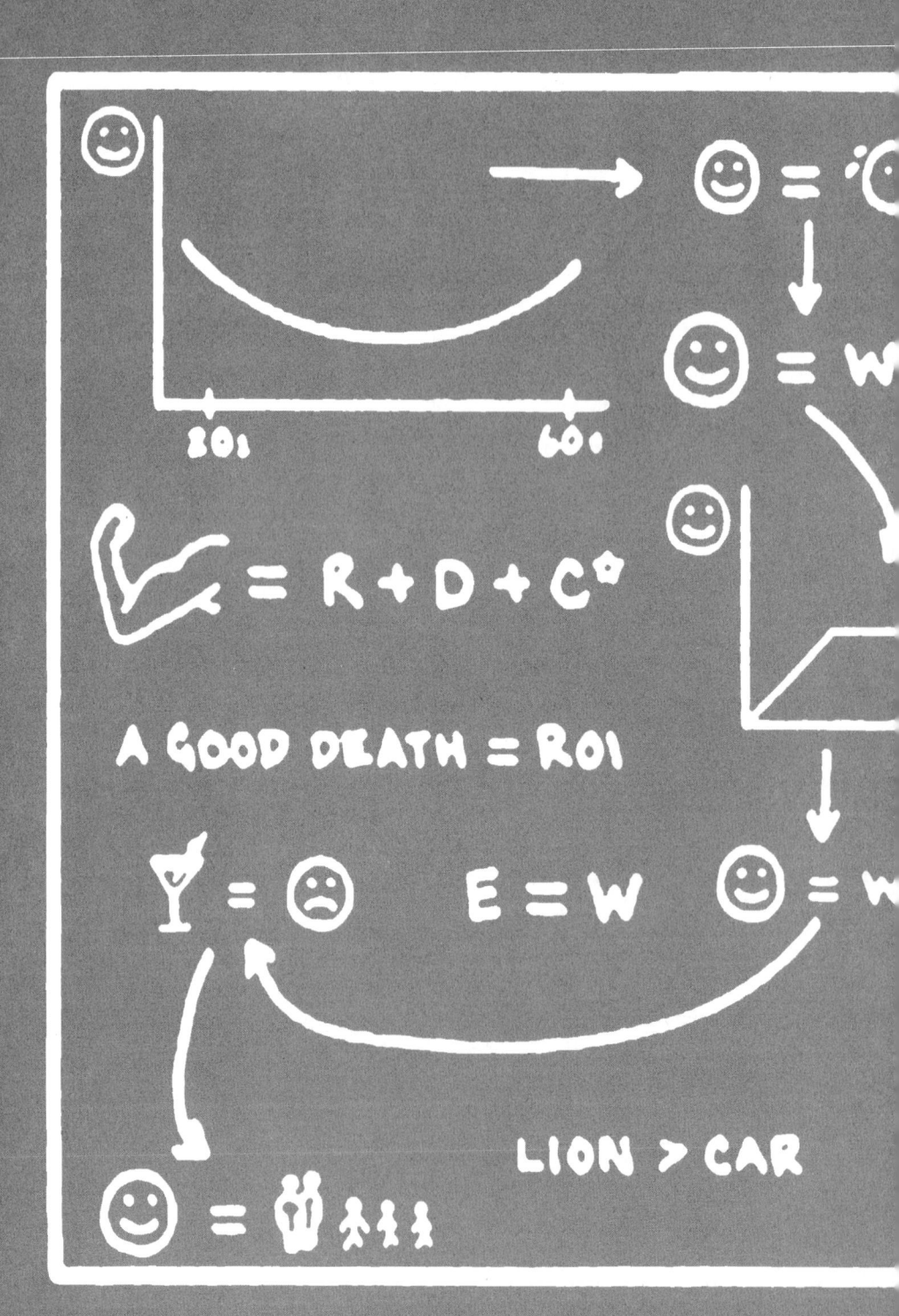

ESPN

PERSONAL LIFE   WORK
         △

$\cdot \times F$

$$P8 = \heartsuit + V + \$$$

$$\$ = 10002 + \triangleright$$

$\$$

$\times F$

YEARS

ACTUAL ↓ < REAL ↓

ACTUAL ↑ < REAL ↑

天下 雜誌出版
CommonWealth
Mag. Publishing

THE ALGEBRA OF
蓋洛威教授的
人生經濟學
HAPPINESS

史考特・蓋洛威 Scott Galloway ◆ 著
吳芠 ◆ 譯

獻給　我的爸爸
喬治・湯瑪斯・蓋洛威（George Thomas Galloway）

目錄

前言　人生的最佳配置　　　　　　　　　　7

第一部　人生走向取決於幾個重大決定　　17
1　工作與生活平衡？　　　　　　　　19
2　學歷＋郵遞區號＝未來財富　　　　27

第二部　成功的真實指標　　　　　　　　43
3　保持對成功的渴望　　　　　　　　45
4　相信你值得　　　　　　　　　　　67
5　為人生的高低起伏做好準備　　　　81
6　成就是手段而非目的　　　　　　　103

第三部	關係是最重要的投資	127
7	找到互相照顧的伴侶	129
8	把握錯過不再的時光	141
9	練習成為溫柔的大人	149
10	人生最後的成績單	165
11	成為他人生命的光	183
12	關於教養的一些體悟	197

第四部	常保健康的祕訣	213
13	健康管理的必要	215
14	享受當下	231

結語	人生最後一刻，唯一重要的事	247
謝辭		253
參考資料		255

── 前言 ──

人生的最佳配置

我在 2002 年加入紐約大學史登商學院（Stern School of Business）教師的行列。已經有超過五千位學生修過我的品牌策略課程。

我的學生是一群令人印象深刻的人，成員從海軍陸戰隊員到資訊科技顧問都有。他們為了學習貨幣的時間價值、策略與消費者行為而來到這裡。但當我們聚在一起時，話題經常從品牌策略聊到人生策略：

- 我該選擇什麼職業？
- 我該怎麼邁向成功？

- 我該如何在追求理想和實現自我成長間找到平衡？
- 我現在該怎麼做，才不會在四十歲、五十歲或八十歲時後悔？

我們在最受歡迎的一堂課中探討這些問題：學期最後那堂三小時的課，主題為〈幸福的代數〉。我們在課堂上深入思考成功、愛情，以及什麼才算是過好一生。2018年5月，我們將這堂課的精簡版上傳到YouTube，在短短十天內便吸引超過一百萬人觀看。我的出版社編輯當時正催促我在《四騎士主宰的未來》（The Four）之後再寫第二本書，她很驚訝我告訴她，第二本書的主題是關於幸福。

我沒有任何學術聲譽或資格足以證明，我有資格對大家該怎麼過生活提出忠告。實際上，我做生意失敗了幾次，在三十四歲時離婚，而且，最近還拒絕了General Catalyst的合夥人，也就是我在L2公司的資助者的投資，大家都說我瘋了，我也這麼覺得。然而，General Catalyst

還是投資了,而且他們很滿意我們的表現。

你必須非常用力地「瞇起眼睛」,才能把我的人生視為幸福範本。我成長於1970年代的加州,小時候是個瘦巴巴又尷尬、彆扭的平凡小孩。我的成績普通,考試考得也不好。於是在申請加州大學洛杉磯分校(UCLA)時,我不意外地被拒絕了。

我父親安慰我說:「像你這種有街頭智慧的人,不需要上大學。」但其實我根本沒有什麼街頭智慧,只是有個不想再為我付學費、已經組了新家庭的父親。不過他倒是幫我找了一份工作:安裝層架。這份工作一小時可以賺15到18美元,對當時的我來說已經是不小的錢。我可以買一台好車,畢竟,那時我唯一的目標就是這個。

十二年級時,放學後我會和朋友走到西木村(Westwood Village)吃冰淇淋。我的朋友習慣在店裡順手牽羊,當朋友們把印著搖滾歌手佛萊普頓(Peter Frampton)的衣服快速掃進褲子時,我就會自己回家。不是因為我擁有更崇高的道德感,而是我想到,如果我媽接到警察局打來的電

前言 人生的最佳配置 9

話，通知她到警察局來接我，她鐵定會當場昏過去。

從西木村走回家的路上，我穿過希爾加德大道，UCLA的姐妹會，就排列在那條街上。當時是返校週，數千位年輕女孩站在她們的房子前面唱歌，看起來就像美國知名畫家諾曼·洛克威爾（Norman Rockwell）的畫作與深夜Cinemax電影的綜合體。

我在那一刻決定我必須上大學，於是回家寫了另一封信，給UCLA的招生委員會。我向他們據實以告：「我是加州土生土長的男兒，由擔任祕書的單親移民媽媽養大，如果你們不讓我入學，我這輩子都只能幫別人安裝層架。」他們在開學前九天錄取我。我媽得知這個消息後，興奮地告訴我，我是雙方家族中第一個上大學的人，現在「想做什麼都可以」。

從那一刻起我有了無限的選項，於是把接下來的五年都投入在抽一堆大麻、運動、看《浩劫餘生》（Planet of the Apes）三部曲幾十次，只在偶爾發生一夜情時，才從這些例行公事抽身休息片刻。除了最後那部分，我覺得自

己成功的不得了。

到了大四，我大部分的朋友都振作了起來，專注在成績、申請研究所或找工作。我則用 GPA 2.27 這樣的成績來回報慷慨的加州納稅人以及加州大學董事會，他們看到這種成績，應該會覺得好心沒好報。

這個結果代表著一件事，我必須在 UCLA 讀到大五，因為我有七科被當，沒有修滿畢業學分，也就是我得留級了。但這對那時候的我而言一樣沒什麼大不了，反正可以抽更多大麻、看更多科幻電影，而且當時的世界，沒有什麼吸引人的東西在等著我。

我延畢這一年的室友非常有企圖心，我和他之間存在著莫名的競爭意識。他執著於要當個投資銀行家。我不知道投資銀行是什麼，只知道如果蓋瑞想當投資銀行家，我也要當。

我在面試中表現良好，並稍微美化了我的在校成績，然後得到一份摩根士丹利（Morgan Stanley）分析師的工作。那個團隊的領導者和我一樣，大學時也是划船隊的，

他認為划船隊的人都有潛力成為很棒的投資銀行家，這幫了我一個大忙。

經過一段在投資銀行表現不特別出色的工作後，我決定申請商學院。做這個決定只是因為當時不知道自己想做什麼，而我的女友和最好的朋友都要去讀商學院。

加州又為我冒了一次風險，加州大學柏克萊分校哈斯商學院（Haas School of Business）錄取了我。我在商學院的第二年接受大衛‧艾克（David Aaker）教授的指導，他是品牌策略的權威，也是我的啟蒙老師。

在學期間我創辦了「先知」（Prophet）這家策略公司。先知經營的很成功，最後我把它賣給跨國廣告集團電通（Dentsu）。1997年，我們決定在先知公司辦公室的地下室，組成幾家電商公司，若硬要說個理由，大概是因為那是1990年代，在舊金山頂著光頭的企業管理碩士學生會做的事。總之，我乘著電腦處理運算能力快速進步和網路蓬勃發展的浪潮，開始邁步前進。

我創辦的其中一家公司「紅包」（Red Envelope）在那

個繁榮時代大獲成功,它在納斯達克(NASDAQ)上市時業績達到巔峰,也是 2002 年唯一在納斯達克上市的零售商。我很清楚自己與多數人相比有多幸運,我有幸得到無與倫比的好運、很棒的伴侶以及出生在史上最繁榮年代的智慧。

然而,除了盤點生命中已擁有的福分,我還是覺得不夠。我還想要更多。比現在更多。我不確定「更多」代表什麼,所以我選擇了一條跟過去不同的路。

我從紅包公司的董事會辭職、向妻子提離婚、搬到紐約市,並加入紐約史登商學院擔任教授。(如果要對我三十幾歲時的狀態下個診斷,應該是「人格缺陷」。)

2010年,在史登任教期間,我發表了一項針對奢侈品牌數位實力的研究報告。許多被研究的企業主動聯繫我,我意識到這裡面蘊藏商機,於是創辦了商業情報公司L2。如今,L2與全球百大消費品牌中約三分之一的公司合作。2017 年,L2 公司被上市研究公司顧能(Gartner)收購。

創業的高低起伏非常劇烈。過程使我飽受輕微憂鬱之苦，主要是憤怒。我花很多時間思考如何不靠藥物或心理治療來對抗憂鬱，不過，後來才發現必要時，運用這兩者之一或兩者並用，才是最佳的選擇。

這種掙扎讓我開始追求一些知識，關於如何能夠不只成功，也能擁有幸福。我在我的部落格《不留情／沒惡意》（No Mercy / No Malice）上分享了我的發現，但上面的內容沒經過組織與編排，所以我寫這本書，就是想試圖彌補這一點。

在這本書中，我分享身為一個連續創業家、學者、丈夫、爸爸、兒子和美國人的觀察，搭配為數不少的研究。我承認本書的想法都是出自我個人的觀察，而非經過同儕審查的學術研究，也不是由某個已經抵達最終目的地的人所繪製出來的完整地圖。

這本書分為四個部分：第一部分勾勒出我和學生每年春天開學時，都會一起檢視的基本等式：如果要把幸福這件事濃縮精煉成為一定數量的等式，那會是什麼？第二部

分會更深入探究關於成功、企圖心、職涯與金錢,源自於我身為投資銀行家、創業家、商學院教授,以及公開評論大型科技公司對經濟與社會帶來什麼影響的經驗。

第一與第二部分所探討的主題固然很有意義,但第三部分的內容更加深刻:那就是愛與人際關係。年輕人,特別是年輕男性,常常在現代資本主義社會中,難以理清關於人際關係與成功之間的矛盾訊息,不知該如何在追求個人與職業意義之間取得平衡。

而第四部分,也是全書最後一部分,則更進一步,挑戰讀者直視鏡中的自己,面對許多根本性的問題,包括如何照顧與滋養自己的身體、如何與內在的陰影共處,以及我們終將面對的人生最後一程。

要你聽一個憂鬱又瘋狂的教授給你人生建議,或許沒道理。但我完成了我的功課,在接下來兩百多頁裡,我就是你的瘋狂教授,我希望這些關於成功與愛、生命意義的觀察,可以幫助你意識到怎樣的人生更有益。

第一部

人生走向
取決於幾個重大決定

1
工作與生活平衡？

　　你的童年、青春期和大學時期充滿《星際大戰》的韓索羅（Han Solo）、啤酒、公路旅行、偶爾發生的一夜情、還有自我探索。一切都這麼神奇。但從你二十歲的中期到四十歲的中期，就要開始玩真的了——工作、壓力，以及終於明白自己不太可能成為參議員或擁有以你為名的香水，雖然你的老師和媽媽一輩子總是告訴你「等你長大就能做到」。

　　隨著年齡增長，打造別人告訴你的那些你值得擁有、也能夠擁有的生活所帶來的壓力，讓你付出重大代價。另

20多歲　　　　　60多歲

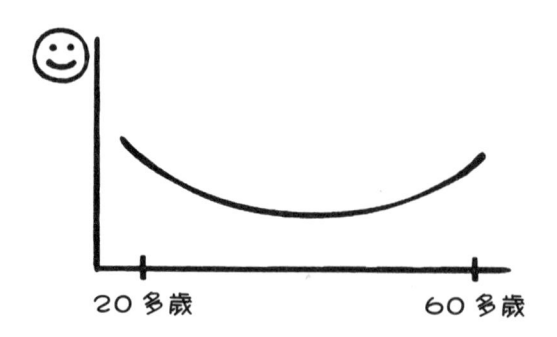

一方面，你會遭遇所愛的人生病、過世，充分看見人生無常的一面。

然後，在你五十多歲時，當然如果你更有慧根就會再早一點體悟，無處不在的美妙恩賜。比如，看起來與聞起來像你一樣的美麗生物——「孩子」；水化為浪，於是你可以乘著浪前行，以及其他大自然的奇觀；因為你有能力揮灑汗水或付出智力，別人願意花錢雇用你，於是你能以此支撐家庭；你有機會以將近音速在大氣外層旅行，得以享受傑出人士建造的偉大成果。

而當悲劇發生時，許多時候，我們最偉大的創意（也就是科學）可以與其抗衡。你會意識到自己在這個世界上

的時間有限,於是懂得停下來享受玫瑰花香,允許自己擁有你值得的幸福。

如果你在成年期發現自己壓力很大,甚至有時候並不快樂,請認清那是旅程中正常的一部分,只要繼續、繼續前進就好,你正在通往幸福的路上。

拼命要趁年輕

我們都認識某個成功、身材好、玩樂團、和父母關係親近、在美國防止虐待動物協會(ASPCA)當志工、還寫美食部落格的人。先假定你不是那個人。在我看來,在建立事業時保持平衡,很大程度上是則神話。那些受世人奉為真理的成功語錄多半說著同一件事,你必須先歷經千辛萬苦才能成功。

但是,這句話只對了一半,成功的確需要夠努力,但絕對不僅是單方面地消耗你所有的心力,事實是你可以在通往成功的路上得到許多收穫。不過,如果你在年輕時把

平衡放在優先順位，就必須接受除非你是個天才，否則可能無法得到較高等級的財務保障。

在職涯發展的軌跡上，斜坡很不公平地出現在你畢業後的頭五年。如果你希望這條軌跡是陡峭的，必須燃燒很多精力，這聽起來一點也不容易，的確也真的不容易。好消息是，這個世界不會讓你予取予求，但能讓你盡情嘗試。你要努力嘗試，真的很努力嘗試。

我現在可以平衡得很好，這來自於我二十幾歲以及三十幾歲時缺乏平衡。從二十二歲到三十四歲，除了商學院，我只記得工作，聽起來無聊透頂，我也這麼覺得。

但當時我的確一心一意地渴求成功。然而這世界的贏家並非最強大，而是最快速者。你希望用比同儕更少的時間涉略得更廣，這有部分建立在才華上，但主要仰賴策略與耐力。就像跑馬拉松一樣，懂得配速的人更具備冠軍相。我還是年輕專業人士時欠缺平衡，因而犧牲了我的婚姻、我的頭髮，可能還有我二十多歲的青春歲月。

這件事沒有使用說明書，而且衡量的尺度每個人都不

個人生活　　　　　　　工作

同,也無法判斷對錯。就像我在年輕時欠缺平衡,雖然在我後來的人生帶來更多平衡,但也伴隨著實質的代價。

當然,我可能對其中某些選擇感到懊悔,例如別過度用腦就能多留下幾根頭髮,但大致來說,我對眼前的結果感到相當滿意,換成別人得到這樣的成果,可不見得獲得相同的滿足。

懂得流汗的人擅長經營人生

你流汗的時間與你看別人流汗的時間,這兩者的比例是你能否成功的前瞻性指標。如果你告訴我有個傢伙,每天晚上看 ESPN 體育台,星期日整天都在看美式足球賽,而且不鍛鍊身體,我敢保證他的未來將充滿怒意,與他人

關係破裂；如果你告訴我有人每天揮灑汗水，花在運動上的時間和在電視上看比賽一樣多，我可以跟你說，他很擅長人生。

😐 / ESPN = 😊

一輩子最重要的決定

多數商學院學生盡最大努力在打造職涯，以及擴展自己的社交圈。然而，你將做出的最重要決定，不是在哪裡工作或和誰去參加派對，而是選擇和誰一起度過餘生。

當你擁有一位配偶或人生伴侶，你不只照顧對方、想和對方發生親密關係，這個人也是好隊友，你們能磨去彼此生命的稜角，並放大生命的光亮。我的幾個朋友擁有出色的事業、美好的友誼及心愛的配偶。但他們不快樂，因

為配偶不是他們的夥伴。他們的人生目標和生活哲學無法同步，在失去對另一半的欣賞且彼此的人生重心不再相同時，會讓一切變得⋯⋯更難。

我也有些朋友的經濟成就沒那麼高，比較少和朋友在一起，但有個真正的夥伴可以同甘共苦，可以想見他們比較快樂。

熱情、價值觀、錢

就我所知，最佳的伴侶關係和三件事情是同步發生的。雙方在身體上彼此吸引。性與愛情使你們建立起專一的關係，也是用非語言的方式說出「我選擇了你」。好的性愛可能占一段關係的 10％，但糟糕的性愛占一段關係的 90％。然而，大多數年輕人在做功課時往往只停在這一步。

除了身體上的吸引力，你也需要確保你們的價值觀一致，例如宗教信仰、想要多少個孩子、養育孩子的方式、

$$♡ + V + \$ = P^2$$
熱情　價值觀　錢　完美伴侶

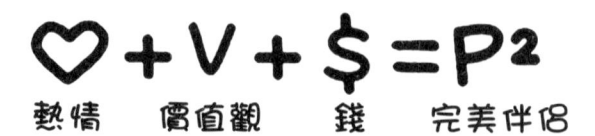

是否住在父母附近、為了經濟成功願意做出哪些犧牲,以及家庭中各自負責哪些責任。其中,金錢是一個特別重要的價值觀對齊項目,因為夫妻之間最常見的爭執來源就是財務壓力。你們在「金錢的貢獻、使用方式、以及對金錢流入與流出家庭的期待」上,有相同的看法嗎?這些觀念是否與你的一致?

2
學歷＋郵遞區號＝未來財富

美國有個種姓制度：高教育程度。此外，經濟成長愈來愈集中在少數的大都市帶。未來五十年內，三分之二的經濟成長將發生在大都市帶。

俗話說的好，「機會隨密度改變。」請前往充滿成功的地方。大城市就像溫布頓網球賽，就算你不是納達爾（Rafael Nadal），你在比賽上的表現，也會因為和他對戰而進步。當然，還會獲得一些隨之而來的好處，你要不身材變好，要不終於明白自己的體質不適合參加溫布頓。

基於經濟成長的發展特性，只要告訴我你的學歷，包

校名 + 郵遞區號 = $

含教育程度與校名,再給我你的郵遞區號,我可以挺準確地預測,你在未來十年賺多少錢。

我的建議很簡單。在你年輕時取得文憑,到城市去。這兩件事在你年紀比較大時,就算不是不可能,也會變得比較難。

這世界永遠都會出現如賈伯斯(Steve Jobs)、蓋茲(Bill Gates)一般從大學輟學開啟精彩人生的勵志故事。但還是一樣,先假定你不是那個人。

找尋讓你全然投入的快樂

你賺多少錢和你有多快樂之間存在相關性,金錢可以在某種程度上買到快樂。不過,一旦你達到某個層級的經

濟安全，相關性就漸趨平緩。更有錢也不會讓你比較不快樂，不過我還沒有錢到這種程度，無從驗證這個說法。

在這件事上我曾犯錯，用了人生中大部分的時間，去思考怎麼做才能賺更多錢，沒有暫停一下，自問什麼事情讓我真正感到快樂。

所以，是的，請拚命工作，取得經濟穩定之類的保障。但也要記下哪些東西帶給你喜樂與滿足，並開始投資它們。

特別注意那些帶給你喜悅，但不會強迫置入某種思想，或不需要花很多錢的事。不管是烹飪、卡波耶拉巴西戰舞、彈吉他或騎登山車，興趣和嗜好都可以為你的性格增添層次。

我所知的幸福，是「全然專注且投入」的狀態。若更具體地描述幸福的感覺，大概就是你失去了時間感、忘記了自我，感覺自己屬於某種更廣大的宇宙。

我在幾年前找到了寫作，現在寫作是我生命中最有益的部分之一。寫作是我的治療，這種方式讓我腦中吵鬧的

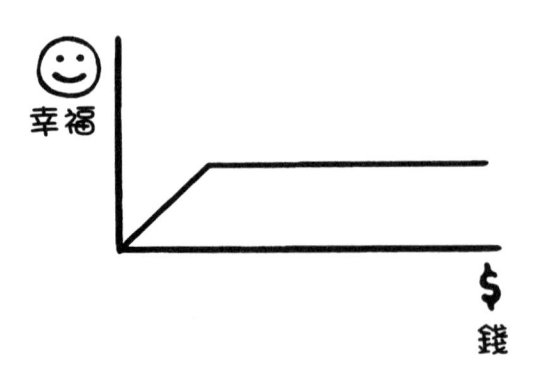

聲音,找到一條逃生的路徑。寫作讓我有機會把我有多麼愛我的小孩、思念我媽和我對 Chipotle 連鎖餐廳的熱愛變得永垂不朽;寫作也讓我和我在乎的人重新連結,並把我介紹給新的、有趣的人。

我希望在我離開之後,我的小孩將閱讀這些東西,感覺他們更了解我,真希望自己三十年前就開始寫作。

早早開始,常常投資

有一句老話:「複利是宇宙中最強大的力量。」存錢

的概念對於最不明白它的年齡層，也就是年輕人而言，最為重要。因為年輕人還沒掌握「長期」這個概念。很多有才華的年輕人，假設自己實在太優秀了，將來一定會賺大錢。好吧，也許如此。但為了以防萬一，預防大把鈔票沒有從天而降，請早早開始，常常存錢。

別把它想成存錢，就把它當成魔法。把1,000元放進一個魔法盒子裡，四十年後打開時，咻的一聲，那1,000元變成了10,000到25,000元。如果你擁有這個魔法盒子，你會願意放進多少錢？

多數人都理解金錢的複利效應，但不明白它在生活其他部分的力量。應用程式「每天一秒鐘」（1 Second Everyday）提醒你每天錄一段一秒鐘的影片，也就是每天的一個小投資，你也可以說是個小麻煩。

到了年底我和小孩坐下來觀賞，代表我們這一年的六分鐘。我們看了一遍又一遍，猜測我當時在哪裡，在他們看到自己時大笑，記起我們在「哈利波特魔法世界」的時光有多麼美好。

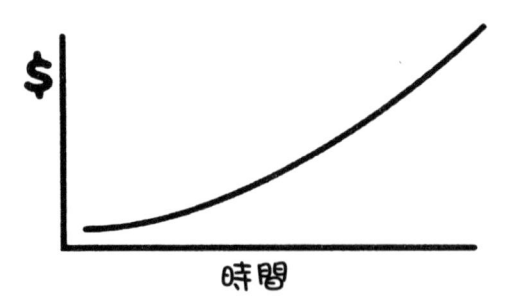

沒有什麼可與親情的連結相比擬。那並非只是種本能，而是關於人生的小投資，從生命起始的每一天都有所投入。

　　這適用於所有關係。拍一堆照片、用簡訊傳傻氣的東西給你朋友、盡可能頻繁問候老朋友、向同事表達你對他們的讚賞，以及每一天都盡可能告訴最多人你愛他們。「每天幾分鐘」剛開始成果很小，但之後將變得無比豐碩。

成為內心強大的大人

　　感覺自己很陽剛非常令人滿足。我知道這聽起來有多

奇怪,但我還真的沒辦法談論陰柔特質帶來的益處。我的內在泰山在藤蔓上盪來盪去,這讓我很快樂。

但現在那些藤蔓改變了。當我還是個年輕人,我在受到朋友讚揚、和陌生女人發生性關係以及擁有結實肌肉時,感覺自己很陽剛。

$$💪 = R + C + D$$
　　　可靠　仁慈　盡責

年紀大一點之後,出現了其他藤蔓。當個樂於付出、懂得愛人又負責任的一家之主、供給家人所須,以及在教室裡或工作上發揮重要性的時候,讓我覺得自己「壯得像頭牛」。

在自然界,社會連結較多的公猴位階較高,也比較容易成功交配,而非比較高大或強壯的公猴。對應到人類社會,當個好公民,比方說敦親睦鄰、尊重體制、記得自己

來自何方、幫助素未謀面的人、關心不屬於我的小孩以及去投票,這些都是我年輕時從未放在心上的事,愈來愈讓我感覺自己像隻雄壯威武的大猩猩。

認真對付你的缺點,努力彌補你的缺陷。總而言之,做一個真正的大人,而非擁有成人身軀的巨嬰。當然,這些條件會隨著你所處的環境改變。如今,對我而言陽剛的意義,是發揮重要性、好公民以及當個充滿愛的父親。

被動收入使你富有

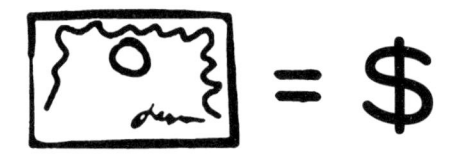

只用你的薪水很難獲得財務保障,因為你會隨著賺錢多寡,自然而然提升或降低生活水準。你可以做的是,盡快購買房地產或股票,試著找一份透過退休金計畫強制存

錢的工作,如果有公司股票的選擇權就更好了。

此外,千萬不要離開股市,因為你沒有聰明到可以預測何時該進出股市。最好在四十歲以前,盡量不要在任何資產類別中放入超過三分之一的資產,四十歲後,則把這個數字調降到15%。

「有錢」的定義是被動收入大於支出,我爸和他的妻子每年從股利、退休金和社會安全制度領取大約5萬美元,並支出4萬美元,他們是有錢的。

我有些朋友每年賺100萬元到300萬美元,有幾個小孩就讀曼哈頓的私立學校、一位前妻、一棟位在漢普頓(Hamptons)的房子,還有自以為是宇宙主宰的生活方式。就算他們沒有把錢花光,也花掉了大部分,他們很窮。

等你三十歲時,你應該要能清楚自己的日常開支。年輕人百分之百專注在他們的收入上;成年人則同時專注在支出上。

不要貪杯

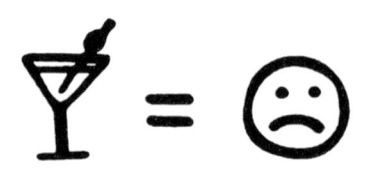

🍸 = ☹

　　哈佛醫學院格蘭特研究（The Harvard Medical School Grant Study）是最大型的幸福研究，研究者追蹤三百位十九歲的人七十五年，檢視哪些因素讓他們比較快樂或不快樂。結果顯示，男人一生中出現某種物品與否，對於一輩子不幸指數的影響，比其他因素都高，那就是酒精。酒精導致婚姻失敗、事業脫軌和健康不佳。

　　我剛離開大學時住在紐約，在摩根士丹利工作，我每天晚上都出現在非常酷的地方，和其他看似成功人士的人一起喝得爛醉。這麼做感覺很自然，而且在喝醉的時候，我覺得我成為了更好的自己。我在喝醉時風趣又樂觀；我在清醒時緊繃又有點無聊。我發現除非我醉得一蹋糊塗，

否則幾乎不可能認識異性。

如果我被宿醉所苦,就會在上午進公司後,找個空的會議室,躲在桌子下小睡三十分鐘。如果宿醉的很嚴重,那天早上就一定要喝健怡可樂和吃油膩的食物,才能讓我感覺自己重新像個人類,並硬撐到下班,但通常這良好的狀態,也只能維持一個小時。

到了下班我無法抗拒邀約,再次答應和一大群所羅門投資(Salomon Investments)的朋友及一些模特兒在俱樂部碰面,我們點了價值 1,200 美元的伏特加,然後風趣的史考特就出現了。

讀 UCLA 時不去上課或打混摸魚,讓我成了一個平庸的銀行家;然而,酒精把我變成一個平庸的人。

我很幸運沒有酒精成癮的問題,而且我搬到西岸之後並不懷念喝酒。

問問自己在大學之後,物質依賴有沒有介入你的關係、事業軌跡或人生,如果有就處理它,你的人生值得更精采的事物。

多投資經驗,少消費物質

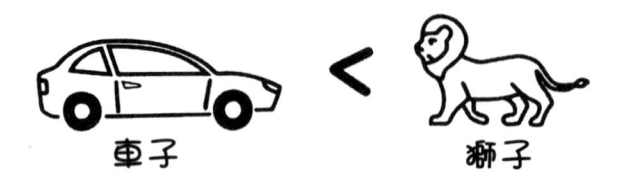

車子 < 獅子

研究顯示,人們高估了物質帶來的幸福,並低估了經驗的長期正面效應。所以,少投資一點在物質上,更看重獲得各種人生體驗。例如,開平價的汽車就好,但帶你老婆去聖巴瑟米(St. Barts)旅行吧。

陪深愛的人好好走完最後一程

除了我的小孩,我最驕傲的事就是陪我媽好好走完最後一程。我媽被診斷出癌症末期後,我花七個月,和她一起住在內華達州沙漠林(Summerlin)的戴爾・韋伯活躍成人社區(Del Webb Active Adult Community)。

RIP ♥ = ROI（投資報酬率）

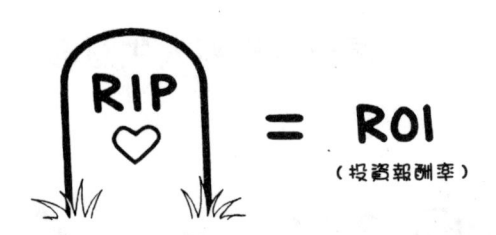

我在白天負責我媽的健康護理，和她一起看《歡樂一家親》(*Frasier*)和《危險邊緣》(*Jeopardy!*)。晚上，我跑去脫衣舞酒吧，和開雪茄館、餐廳的創業家及脫衣舞者一起買醉，那是我人生中一段奇特而有意義的時光。

孕育生命的喜悅與回報，不用我多說，多數人都能體會。然而，在你所愛的人生命接近尾聲時提供慰藉，也讓人感到滿足。如果你的狀況，能讓所愛的人以更優雅的方式離開，請務必這麼做，你將在餘生珍視這段經驗。

在家庭中找到人生意義

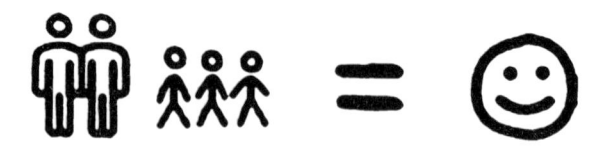

根據我有限的經驗與參考案例分析，在人生的計分卡上，最快樂的人是處在單一伴侶關係中，又有小孩的人。我以前不想結婚或有小孩，現在依然不相信人需要小孩才能快樂。

不過，我可以說當個像樣的爸爸，和我所愛又有能力的人一起養育孩子，讓我首次開始處理那個，令我們都掙扎不已的問題：我為什麼在這裡？

當失敗與不幸同時找上門

$$\frac{韌性}{失敗} = 成功$$

　　每個人都會經歷失敗和悲劇。你會被開除、失去你愛的人、很可能遇到經濟倍感壓力的時期。你看到現在媒體吹捧的成功者,他們當然也都經歷過類似的事,但分析他們的特質,我歸納出他們成功的關鍵,就在於有能力哀悼,然後繼續前進。

　　我有一段失敗的婚姻、公司曾經破產、而且失去了我認為當時唯一深愛著我的人——我媽,這全都發生在我四十歲之前。

　　但幸好我接受了良好教育、有一些好朋友、一點才華、還有世界上離成功最近的居住地「美國」,那些事情對我而言都是可移除的障礙,不是無法跨越的圍牆。

事情永遠不如表現看起來糟

認知 ↓ < 事實 ↓
認知 ↑ < 事實 ↑

就像我的朋友陶德・班森（Todd Benson）所說的，市場動態可以打敗個人表現，你的成功與失敗不全然是你的錯。當年長者被問及想給年輕的自己什麼建議，第一名是希望過去不要對自己那麼嚴厲。我們的競爭本能，讓我們鎖定自己所知最成功的人，並在鏡中的自己沒有達到同等成就時感到失望。

維繫健康關係的關鍵之一在於原諒，因為你或你的伴侶將在某個時間點搞砸一些事。你的時間有限，迫使你為自己負起責任。但也請準備好原諒自己及他人，才能繼續向生命中其他重要的事前進。

第二部

成功的真實指標

3
保持對成功的渴望

年輕時我不斷思考如何成功及成功的要素。我發現有才華很重要,但才華只能讓你進入一間擁擠的貴賓室。有點像達美航空的尊爵白金卡會員:你以為自己很特別,但在拉瓜迪亞機場(LaGuardia)才發現,還有很多跟你一樣的人。

我們先假定你才華出眾,或許甚至是頂尖的百分之一。恭喜:你加入七千五百萬人的行列,等於德國的人口,這些人全都在爭奪這世界上的資源,想得到超過自己分到的分量。

1／7,500 萬

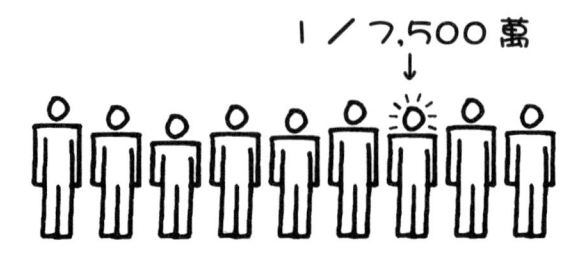

當我請年輕人描述他們嚮往的生活，多數人勾勒出的是某種環境和配備，是需要包含數百萬人的生態系統才能擁有的。換個方式來說，會讀這本書的年輕人中，大部分可能渴望成為頂尖的 0.1%。但只憑才華不會帶你躋身進入那前 0.1% 的行列。

驅使才華帶你跨入成功的動能是飢渴，而飢渴可以來自很多地方。我不認為我生來就具備這個東西，我的不安全感和恐懼很強，伴隨著我們都擁有的本能，造就了我的飢渴。了解飢渴從何而來，可以讓我們看清成功與滿足感之間的差別。

我在人生中前十八年並不努力。在 UCLA，我們剛入學時全都是友善、聰明又有魅力的人，岔個題，很多年後

你會發現「十八歲」和「有魅力」其實是同義詞。

在那個年紀,只根據一股笨拙的吸引力,就能對彼此感到心動。但到了大四,女生都轉而受到已經振作起來的那些傢伙吸引,他們顯現出成功的早期徵兆,或他們的父母很有錢,這些人從出生那一刻身上就貼著成功標誌,例如可以在父母位於亞斯本(Aspen)或棕櫚泉(Palm Springs)的別墅度過整個週末。

女性本能開始起了作用,她們在尋找可以確保後代生存的配偶,因此她們身上的荷爾蒙開始提醒,不要迷戀上打著細長皮革領帶又穿著 Top-Sider 帆船鞋、可以背出《浩劫餘生》三部曲重點場景的搞笑傢伙。

發現到這個變化,我的本能也開始起作用,我想擴大配偶的選擇範圍。我判斷要做到這點的必要條件之一是顯示出成功,所以我爭取摩根士丹利的工作,而且也做到了。實際上,我完全不知道投資銀行家在做什麼,但在當時我有限的認知中,當個投資銀行家就表示成功。

我很快就發現,開啟成功之門的鑰匙,就是找到你擅

長的事物。不管你擅長什麼，你因為表現傑出而得到的報酬與認可，會讓你對那件事充滿熱情。

對我來說，投資銀行的工作是最能完美詮釋無聊內容和沉重壓力的組合。幸好，我很快就發現自己渴望讓別人佩服的傾向，會讓我步向悲慘的未來，所以我下定決心離開那條在別人眼中成功，卻不會帶給我滿足感的路。

第二個事件也和女性有關。我在讀研究所第二年時，我媽被診斷出罹患惡性乳癌。她從洛杉磯凱薩醫院出院後，開始化療。她打電話給我說她感覺糟透了時，我人在柏克萊。

那個下午我立刻飛奔回家，穿過大門走進我們家那黑暗的客廳。我媽穿著睡袍躺在沙發上，扭動著身軀嘔吐到垃圾桶裡，整個人顯得焦慮不安。她看著我問：「我們要怎麼辦？」光是寫出這件事，都讓我感到手足無措。

我們沒有足夠的醫療保險可以負擔醫藥費，我也不認識任何醫生。我感受到一股情緒，主要是希望自己有更多的錢和更強的影響力。我知道財富及其他東西，可以帶來

人脈及另一個等級的醫療照護,但那個當下我們既沒有錢,也沒有影響力。

孩子改變了我的金錢觀

2008年,我的女朋友懷孕了,我親眼目睹那場令人不安卻又神聖的奇蹟——我的兒子從她體內旋轉著誕生。附註:我仍然認為男人不該待在產房裡。

見證這個奇蹟的時刻,我幾乎沒有任何一般人說的那些感受:愛、感激、驚奇。我只專注在一件事上,那就是我們必須開始維持這小東西的生命,就像一場科學實驗,但這開場與接下來的任務,都令我忍不住反胃和恐慌。

然而,事情常常這樣,本能開始發揮作用,這個實驗變得沒那麼糟糕,甚至令人喜歡。我想保護他並給予他的渴望變得愈來愈強烈。

2008年金融危機襲來,重重打擊了我。我從有點富裕變成絕對稱不上富裕。上一次危機發生在2000年,當時

也出現同樣的經濟效應,但我完全不受影響,因為我才三十出頭,知道我能照顧好自己。但這次不一樣。無法以我預期兒子應享有的等級和質感,來提供一個曼哈頓小孩所須的一切,嚴重動搖了我身為一個男人的價值。我就要面臨重大失敗,而飢渴的火焰燒得更旺了。

我們很多人都給自己「好好維持家庭生計」的壓力,這是非理性的。保護與養育後代的本能,是我們這個物種成功的核心。

然而,相信你的小孩一定要上曼哈頓私立學校,並在翠貝卡區(Tribeca)擁有一棟公寓,則是你的自我在作祟,不是身為父母的本能。靠著比我以為我需要賺到的數目少很多的錢,你也可以當個好爸爸,甚至很棒的爸爸。不過,我過去依然感到有所不足。

最近,我感覺飢渴出現了變化,比起金錢我更注重追求自己的重要性。我以少賺一些錢為代價,花更多時間在我在乎的人或計劃上。我嘗試更活在當下,放棄某些賺錢的機會,好讓我能做更多使我全然投入、忘卻時間的事。

我也試著透過家務，為我兒子培養一種飢渴的感覺。我每週付錢讓他們完成自己的任務，希望他們把工作與報酬連結在一起，開始產生渴望。還有，每年有兩次，在付錢之後埋伏在他們回房間的路上搶劫他們，因為那也是人生的課題。

擁抱成年

每年春天，紐約蘇活區都被紫色幽魂包圍——戴著帽子、穿著紐約大學畢業袍的二十二歲學生。通常有個男人和女人緊跟在後，他們看起來和那個二十二歲的人很像，只是看起來更成熟、體態更年長，帶著驕傲的微笑。

畢業典禮很美好，甚至充滿希望。在這個時刻，你的父母多半比你感到更驕傲而滿足，因為你的畢業證明他們的成功，其中包含供應你上大學和讀完大學，他們終於可以在最後一個演化責任方框上打勾了。

我的畢業都沒有那麼歡樂。我在就讀 UCLA 第五年中

途畢業,當時大部分朋友都已經離開,因為他們在規定的四年內完成了學業。

我當時距離取得經濟學學士還差三門課,在 UCLA 的最後兩週,我幾乎將大部分的時間,都花在請求教授把成績從 F 改成 D,這樣我才得以取得學分、順利畢業。我的說詞非常直白,聽起來也很真實:

「我和母親住在中下階級上層的房子裡。」

「紐約摩根士丹利給我一份很好的工作。」

「我愈快離開這裡,你就能愈快讓一個更值得待在這裡的人進來。」

我前後問了四位教授,其實還有更多可以問的。三位有同樣的反應:他們用嫌惡的表情看著我,然後勉強同意並在表格上簽名,要我盡快離開他們的研究室。沒有長袍,也沒有隆重的儀式。

第二次從柏克萊畢業的經驗比較令人滿意,因為我已經振作起來,取得我的企業管理碩士學位。我獲選為畢業生代表在典禮上致詞,我記得,當自己在致詞時抬起頭,從坐在柏克萊希臘劇院耀眼陽光下的數千位家長中,終於看到我媽,當時癌症正侵蝕她的身體。但她臉上盡是藏不住的驕傲,站著對我揮舞雙手。

我不相信來生,但我計劃在死前縱情享受大量賽洛西賓(psilocybin),也就是俗稱的迷幻蘑菇,因為我想看到別人描述他們瀕死時,所見的強光幻象。我期待看到兩個景象:我躺在床上,我的一個小孩笑著在我身上滾來滾去;另一個是我媽站著揮手,彷彿提醒著我她在那兒,以及她是我的母親。

不過,那依然是段缺乏安全感的時光⋯⋯對很多小

3 保持對成功的渴望

孩來說都是。二十六歲的男性依然非常像個小孩。我的母親生病後，我拒絕了一家顧問公司的工作機會，創辦了自己的顧問公司。當時，女友是我生命中的安定器，她提供我情緒和財務上的安全感，她有一份穩定的工作。

不要追隨你的熱情

不少作家常利用畢業典禮這個機會，以第三人稱來談論自己，再從他們希望你用來觀看過去的濾鏡上，抹上一層厚厚的凡士林，讓一切看起來朦朧不清，彷彿無比美好，當然這種做法現在已經過時了。如果要我給剛畢業的社會新鮮人一點建議，我想我可能會這樣說：不要追隨你的熱情。

大學的演講者都叫你追隨熱情，特別是在畢業典禮上，或者我最愛的是他們說「不要放棄！」──那些人已經很有錢了。而多數人之所以能達到那種成就，是因為他們在五次創業後，開起了廢棄物處理場。也就是說，他們

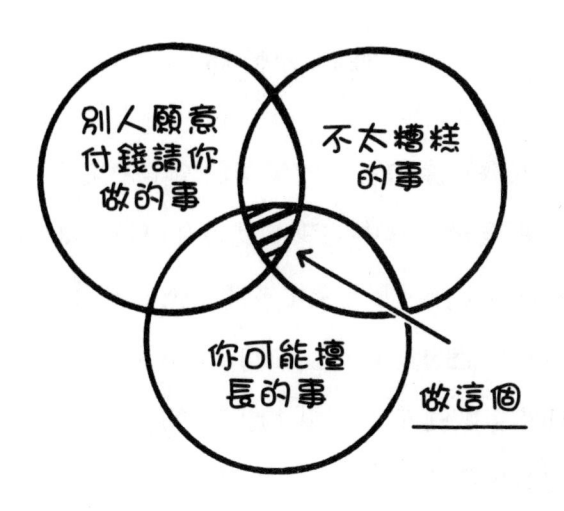

```
        別人願意              不太糟糕
        付錢請你              的事
        做的事
                    ↗
              你可能擅       做這個
              長的事
```

知道何時該放棄。

你的工作是找到你擅長的事情，經過一萬小時的練習，變得精通。不管你擅長什麼，伴隨而來的情緒收穫和經濟報酬，將讓你對此充滿熱情。

沒有人在職涯起步時對稅法充滿熱情，但是優秀的稅務律師對於欣賞自己的同事、為家庭創造財務保障以及和某個比自己更了不起的人結婚充滿熱情。

無聊才性感

　　職業就像資產類別。如果某個產業聚集了過多的人力資本，那麼投入其中的報酬就會被壓縮。如果你想在《Vogue》雜誌工作、製作電影或開餐廳，那你最好能從中獲得大量心理上的滿足，因為你所付出的努力（除了那些廣為人知的少數例外）在風險調整後的報酬會非常慘淡。我自己會盡量避免投資在任何聽起來「很酷」的事情上。我沒有買《黑皮書》（*BlackBook*）雜誌，或者投資福特模特兒經紀公司（Ford Models），或者是市中心主打音樂的會員制俱樂部。

　　另一方面，如果那筆生意和它處理的議題，聽起來無聊得要死……那麼，賓果！我就會投資下去。

　　前陣子我在摩根大通另類投資峰會上發表演說，該活動聚集了全球三百個最富有的家族。有些人擁有媒體公司或一間國家航空公司，但大多數人致富的方式，是靠煉鐵、保險，或殺蟲劑。

蓋洛威教授的職涯建議

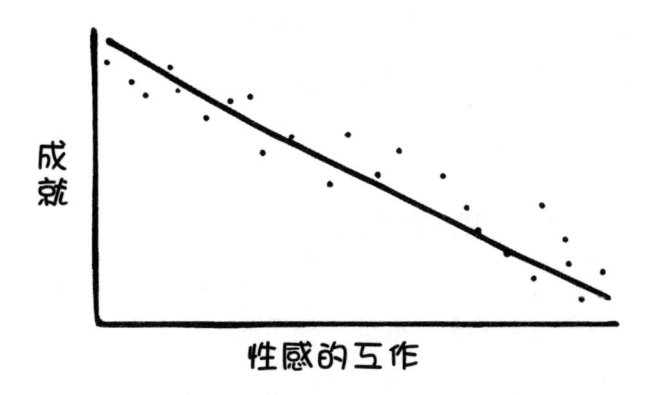

成就 | 性感的工作

成為照顧者

有一天，你和父母的角色將會交換。他們變成孩子，你變成父母。這通常會緩慢而自然地發生。然而，畢業是加快這種轉變的好時機。你的行動必須開始對父母表達「我辦得到」，因為你已變成解決問題的人而非壓力來源。

我很震驚有那麼多成年人只要在父母身邊，就退化成滿腹牢騷的小孩，期待父母能解決自己的問題。

生命中帶來最多收穫的事根植於本能，各種節目常常花大把時間，談論養育孩子的收穫多麼豐碩。卻很少有人談到照顧父母帶來的收穫，不如現在就開始吧。

把簡單的事情做對

我整個職涯都苦於如何把簡單的事情做對，我會召集一個團隊，通力合作完成一份充滿獨特觀點、內容犀利的簡報，然後遲到十五分鐘才出現，把大家都氣壞了。會議之後，我收到客戶寄來的電子郵件，關於還需要再做什麼工作或其他的機會，然後因為我沒有及時回應，而錯失了那股動能，我在應該追蹤後續進展時沒有這麼做。

總之，欠缺專業精神和態度不佳，使我發展軌跡的斜率趨於平緩。奇怪的是，我其實當下就知道自己在搞砸，也知道該怎麼改正，但我還是沒有做。

這方面的教訓……很簡單：不要當個像我這樣該死的白痴，把簡單的事情做對。而且，方法很簡單：

- 早早赴約。
- 保持良好態度。
- 追蹤後續進展。

　　我相信，多數人都曾對於別人身上的某些特質特別反感，因為那些特質讓他們想起憎恨自己的原因。下面這個故事關於一封電子郵件，讓我第一次在網路上出名。總而言之，一位學生在課堂上遲到，我趕他出去，接著發生了一些戲劇性的事情：我們之間的電子郵件被轉寄給媒體。

　　一篇談論那些通信內容的文章，獲得七十萬瀏覽人次和 305 則留言。據紐約大學史登商學院院長室說，他們有一段時間，每兩分鐘就接到一封關於那封電子郵件的郵件。多數信件表達支持，有些則完全不是如此，大致是：「我今年秋天不會讓我兒子註冊紐約大學！」這類的內容。那封信的往返內容，現在已經成為我課綱中固定的一部分。我可以肯定，這是學術史上最多人讀過的「遲到規範」。

以下是我收到的電子郵件：

寄件者：×××@stern.nyu.edu

收件者：×××@stern.nyu.edu

日期：2010 年 2 月 9 日星期二 7:15:11 PM

主旨：品牌策略課程回饋

蓋洛威教授：

　　我想跟你討論一件令我困擾的事。昨天傍晚我在晚了大約一個小時後，走進你六點開始的品

牌策略課堂上。我進教室後，你很快就趕我走，說我必須離開，下次上課再來。我和幾位修你的課的學生談過，他們解釋你的課有一項規範，就是學生遲到超過十五分鐘就不准再進教室。

　　由於我對開在星期一晚上同時段的三門課程都有興趣，為了決定選哪一門課，我那晚的計畫是分別試聽這三門課，看看我最喜歡哪一堂。既然我從未修過你的課，我就不會知道你的課程規範。我很失望你把我從課堂上趕出來，因為我不可能已經得知你的規定，以及考慮到那天是那幾門晚間課程首次上課，而且我在開始上課後一小時抵達（不是幾分鐘），所以我會遲到的原因，以常理推斷比較可能是因為想要體驗不同的課程，而不是純粹的自滿。

　　我已經修了另一堂課，但我只想開誠布公，提供我對這件事的意見。

致上問候

×××

—

×××

紐約大學史登商學院

2010年企業管理碩士候選人

×××@stern.nyu.edu

以下是我的回覆：

寄件者：×××@stern.nyu.edu

收件者：×××@stern.nyu.edu

日期：2010年2月9日星期二 9:34:02 PM GMT

主旨：Re：品牌策略課程回饋

×××：

　　謝謝你的回饋。我也想提供一些回饋。

只是確定一下我有抓到重點……你從一堂課開始,聽了十五分鐘到二十分鐘後離開(站起來,在課程進行中走出去),走到另一堂課(遲到二十分鐘),離開那堂課(推測又是在課程進行中),然後來到我的課堂。那時候(遲到了一小時),我請你下次上課再來,讓你覺得「困擾」。

沒錯吧?

你說你沒修過我的課,不可能知道我們不准學生晚了一小時才進來上課的規定。風險分析通常顯示,面對重大的不確定性時,你該選擇比較保守的路徑或避險,例如不要遲到一個小時,直到你得知教授有容忍不敬行為的明確規範,或在上課前和助教確認等。我希望那位樂透得主,也就是最近獲你加冕的週一晚上開課的教授,教的是判斷與決策或批判性思考。

此外,你的邏輯有效說明你不能在修課前,

為違反任何行為準則負起責任。鄭重宣布，我們也沒有明文規定不准在課堂中突然高唱音樂劇歌曲、在桌上尿尿或試用創新的除毛儀。不過，×××，我們期待被視為未來商業界領導人的成年男性或女性，具有基本的禮儀，就是有禮貌。

×××，我要暫時更嚴肅一點。我不認識你、不會認識你，和你之間也沒有真正的愛恨情仇。你是一位匿名的學生，現在正後悔在筆電上按下了傳送鍵。在這樣的脈絡下，我希望你暫停下來⋯⋯真的暫時停下來，×××，然後把我即將對你說的話放在心上：

×××，給我振作一點。

找一份好工作，認真地做好你的工作，累積派得上用場的能力，不因組織中的政治違背初衷，取得工作與生活的平衡⋯⋯×××，這些事

真的都很難。

　　反之，尊重體制、有禮貌、表現出某種程度的謙遜，這些都（相對）簡單。×××，把簡單的事情做對。這些事情本身不會讓你成功。然而，沒有這些東西將阻礙你的發展，你無法發揮潛力，但就憑你錄取了史登商學院，你肯定具有潛力。×××，現在為時未晚……

　　　　　　　　　　　再次謝謝你的回饋。
　　　　　　　　　　　蓋洛威教授

4
相信你值得

1982 年,愛默生國中在九年級的票選時封我為:「搞笑天才」和「愛默生的史提夫‧馬丁(Steve Martin)」。在那之後,我成功避開了所有的獎項和表揚。

一個月前,我的朋友安‧馬菲(Anne Maffi)傳簡訊給我:「請回覆我兄弟,他想頒個獎給你,表揚你的成就。」

收到這個訊息的當下我只有滿頭問號,安的兄弟葛瑞格‧馬菲(Greg Maffei)是自由媒體(Liberty Media)的執行長,這是一家由有線電視界元老約翰‧馬隆(John

Malone）創辦的大型媒體公司（#超狠角色）。在那之前，葛瑞格曾是微軟的財務長。對我來說，這甚至比自由媒體還更酷。

我覺得擔任1990年代「邪惡帝國」的財務長，已經是企業界最接近黑武士達斯・維達（Darth Vader）的存在了。但葛瑞格太討喜了，實在不像大反派，所以我想像他是那個打敗皇帝、脫下面具、從黑暗回歸的達斯・維達。

於是我很快搜尋了一下信箱，然後找到了來自葛瑞格的電子郵件，葛瑞格與他的同事恭喜我成為 2018 年「媒體自由獎」（Media for Liberty Award）得主。五年前，自由媒體創立了這個獎項，專門頒給研究經濟與政治交互影響的作家或記者。

我很確定葛瑞格是個億萬富翁，因為在那場活動中，所有官員都對他非常客氣（參見前文：1990年代的微軟財務長），而我這個教授卻遲遲沒回訊。

後來我終於回了葛瑞格訊息（**太棒了，謝謝。**），並同意到華盛頓特區新聞博物館舉辦的頒獎晚宴上台領獎，

根據《華盛頓人》(*Washingtonian*)雜誌報導,那是 2016 年「華府最受歡迎的博物館」。

我對於那一天感到很興奮,但又感到焦慮及不自在。我擔心自己被揭穿,就像個冒牌貨。

伴隨著事業成功,我獲得比以前更多的關注和認可,但也帶來了一些困擾。每當獲得重大肯定的時刻,我總會聽肩上那傢伙在我的耳邊悄悄地說:「開什麼玩笑?你就是個冒牌貨。」這個聲音讓我對自己產生懷疑,或許我不該以學者身分受到認可,也不該以創業家身分接受表揚。我總是感受到一股焦慮,擔心我的真面目被發現:祕書的兒子、在校表現不佳、沒有好好經營關係、自私,而且沒那麼有天賦。這個人唯一的才華,就是自我推銷和搶別人的功勞。這種種行為可以用一個單字概括:「冒牌貨」。

根據國家廣播公司新聞網的調查顯示,有 70% 的美國人承認他們有冒牌者症候群。這讓我明白,多數成功人士都在做超出能力範圍的事後,這股焦慮漸漸消失了。心理學家說,如果你不花時間粉碎這些聲音,它會變得更大

美國人的冒牌者症候群

- 我辦得到！ 30%
- 我是個冒牌貨！ 70%

資料來源：國家廣播公司新聞網（NBC News，2017年）

聲。所以我決定放自己一馬，因為這一路上我確實有所努力、有所付出，也承擔了不少風險。

那場晚宴和頒獎典禮非常美好。坐在俯瞰國會大廈的地方，回想著這一天的經歷，我深深地熱愛身為一個美國人。儘管我耳邊不斷傳來質疑自己的那個聲音，我還是打起精神，在與葛瑞格的對談中表現得不錯，而葛瑞格也真

的很擅長幫助別人把事情做得更好。

有許多朋友也到場為我祝賀，從我四年級就認識、和我一起長大的死黨，到來自佛羅里達的新朋友都包含在內。就像其他重要場合一樣，我在某些時刻感到憂傷。

我希望我媽可以看到我領獎；我希望我爸身體好一點，可以到現場與我一起分享這份榮耀；我有一位好友她的丈夫病得很重，但她仍到場為我祝賀，我可以感受到她正承受的重擔和悲傷，以及她能抽空前來是一件多不容易的事；我也感受到來自朋友和妻子的愛，他們搭飛機及火車，歷時六個小時才能抵達現場，他們的出現，為我強化了這一刻的意義。

假如你沒辦法和在乎的人共享，成就只是用鉛筆寫下的一段紀錄。在你和別人共享後，那一刻變得真實，成為用永恆墨跡留下的記憶。

不安全感的聲音依然留在我的肩上，不過，它在我感覺自己非常重要且被愛時，沒那麼重要了。

找到你專屬的位置

我在大約五歲時注意到，人們在我父親身邊時行為不太一樣。他們注視他的眼睛，隨即點頭並大笑。如果是在路上遇到熟人，女人會笑著碰觸他的手臂，男人看到他時大叫：「湯米！」他們真的很高興能見到他。

他口才很好，風趣又聰明。綜觀他能言善道、玩世不恭和聰明伶俐的人格特質，再加上令人沉醉的蘇格蘭口音，讓我爸在異性和部屬眼中顯得很有魅力。

我的母親向我解釋：「你父親很迷人。」在聚會上，眾人一定呈半圓形圍繞著我爸，他說著笑話，分享他對事物的看法。他可以從宇宙：「如果宇宙沒有盡頭，那什麼都已經發生過了。」談到管理：「在徵人廣告上把專業需求寫清楚非常重要。」這股魅力讓爸媽和我十年來維持中上階級的生活方式。他就算只是在美國西部和加拿大遊走，也可以在短短十五分鐘內，和西爾斯百貨（Sears）及勞氏公司（Lowe's）戶外與園藝部門的經理建立起友

誼，並談成生意。我爸的兩百位朋友會大量訂購一堆商品，因為他當時在隸屬於國際電報電話公司（ITT）的公司賣肥料。

到了他快要六十歲時，人力市場無情地告訴他，一位剛被電報公司解雇的中階主管，並不受財富五百大公司歡迎，於是他開始在當地社區大學，開設為一般大眾設立的專題討論課。

教室裡的廉價日光燈，讓教室感覺像是東德醫院的手術室，裡面有六排折疊椅，每排八張椅子、一台幻燈片投影機，投放著帶有汙漬的幻燈片，教室後方的桌子上有汽水、廉價咖啡，還有我繼母烤的檸檬方塊。

每堂課大約都會有十五人出席課程，他們的平均年齡目測約在六十歲上下。一堂課九十分鐘，我爸大概講四十五分鐘會休息一下，好讓大家能到走廊抽根菸。

我十多歲時曾去上過幾次課，在那個年紀，我覺得和父母有關的一切都很遜，但這感覺特別慘，甚至令人沮喪。我爸必須付 10 美元到 20 美元的油錢和零食費用，以

換取傳授智慧給別人的機會，其中多半為失業的老菸槍。這與他過去的經歷相比，顯得有些難堪。

但我爸回憶起這些課堂時，好像那是他人生最有意義最快樂的時光。那是他專屬的位置，在一群人面前談話和教學。

我沒遺傳到父親的魅力

我並沒有繼承父親的魅力。事實上，我發展出一種冒犯別人的本領──正好與我爸的魅力相反。我的冒犯不是「向掌權者說出真相」那種，而是「正好在錯誤時間點說出錯誤的話」的那種冒犯。我說的話和我寫的電子郵件，常惹毛好脾氣的人，而且我知道這一點。由於我很成功，人們經常把這種冒犯塑造為誠實，甚至是領導力。不，這只是當個混蛋而已。我正在努力改進。

然而，我確實遺傳了我爸的能力，也就是在特定空間內讓一群人認真聽我說話，只要那是市中心建築物五十五

層樓高,或旅館地下室沒有窗戶的會議室或會議廳。大部分的人在人數增多時,會愈來愈感到不自在。

我卻相反,一對一時我是個內向的人,甚至缺乏安全感。但當屋內擠滿人,我的天賦就開始運作。在幾十個人面前,我靈光乍現;在幾百個人面前,我幽默又溫暖;在幾千人面前,我的腎上腺素激增,有信心超越極限、振奮人心。我可能是錯的,但我的立意良善。我可以看著每個人的眼睛,斷言我相信自己說的是真理。

打磨技術

喜劇演員會在俱樂部表演單口喜劇來磨練技巧。對我來說,我的舞台就是課堂。每週二晚上,我會在一百七十位二年級商學院學生面前講課三小時,打磨我的演講能力。相比任何董事會議或高階商用不動產經紀人聚會,我在課堂上更專注,也投入更多心力。

我從中賺得不多,大約每講台小時1,000美元。(附

註：這聽起來很多，但實際上並沒有那麼高，因為每個講台小時背後都還要花數小時備課或與學生會面。）還有為了站到講台上而必須忍受的鳥事，例如獲得研究所學位、組織政治等，但我樂此不疲。

父親只會為兩件事搭飛機

我爸願意搭飛機的理由只有兩種，而且這兩件事和一般人不太一樣，既不是去見孫子也不是去見朋友。

他只願意為了看多倫多楓葉隊（Toronto Maple Leafs）球賽或看兒子教書而搭飛機。他通常會坐在教室後排。在課堂一開始，我們會請來訪者自我介紹──幾乎每堂課都會有五、六位好奇的大學生或申請者來旁聽。我爸總會等他們都講完，然後特地加重他的口音，說：「我是湯姆・蓋洛威，史考特的父親。」

在一陣停頓之後，響起長長的掌聲。我看到我父親在接下來三個小時，全心沉醉在我說的每個字和每個動作。

我想著,他是不是在八十八歲時看著我,對自己沒有機會完全發揮身為演說家的潛力感到遺憾,或者他感受到演化進程帶來的報酬,在我身上看到了 2.0 版本的自己。

看著我爸在課堂上讓我想到,用檸檬方塊賄賂別人聽你說話與在企業聚會上每分鐘賺 2,000 美元,這兩者之間的差異不是才華,我爸更有才華。這之間的差異是出生在美國,以及加州納稅人的慷慨大方,他們讓一位祕書的孩子有機會上世界級的大學。我爸的才華,再混合我因為他第二任妻子所給予充分的愛而得到的自信,帶給我技能與機會,可以站在坐滿人的空間裡,注視著每個人的眼睛說:「我相信這是真理。」

清楚自己的價值所在

社會對大型科技公司的著迷,正好在我背後推動著我。我所專精的領域(科技)正炙手可熱,整體經濟也相當強勁。這些成就加上 L2 公司裡數十個教育程度過人的

年輕工作者，從海量資料中提煉出洞見，還有世界一流的創意團隊設計圖表，這些成果投影在我所處舞台身後的螢幕上，全都像帕華洛帝的表演一樣完美動人。

然而，我的市場價值就像其他所有東西一樣，終將衰退。人們會對我談的主題感到厭倦，而我也可能無法再獲得那些讓我的作品從「不錯」變成「卓越」的資源。或者更可能的是，我的創意有一天會枯竭。對我來說，與年輕有創意的人合作，能接觸到商業界最優秀、最聰明的頭腦，就像海洛因之於雷·查爾斯。一旦失去，就再也無法創造佳作。

我和紐約大學之間的關係，一言以蔽之就是：我教一大堆小孩，出席各種場合演說。他們則必須忍受我的任性。每三、四年就有一位系主任或行政人員，要求我多開課、更動我的職位或做些氣死我的事。這時，我會威脅要去華頓商學院（Wharton）或康乃爾理工學院（Cornell Tech），這麼做通常可以得到我想要的東西。

如果我聽起來像個愛耍大牌或讓人頭痛的人，請相信

你的直覺。我在史登商學院的行事風格不像員工,更像自由球員,這讓他們很挫敗。我現在聲勢如日中天。我擅長教學,提升了史登商學院的品牌,所以他們容忍我。但等到我的價值開始下滑(只是時間問題),他們就會像放棄第二節法語課一樣,把我踢掉。換作是我,我也會這麼做。

5
為人生的高低起伏做好準備

　　成功創業家的特質在數位時代並沒有改變多少：比起打造品牌的人，你需要更多創建者，而且關鍵在於要有技術專家參與創始團隊或密切合作。還有四個問題可以測試你是不是成功創業家：

1. 你有辦法在支票正面而非背面簽名嗎？
2. 你可以欣然接受公開失敗嗎？
3. 你喜歡推銷嗎？
4. 你有多敢冒險？

你有辦法在支票正面而非背面簽名嗎？

我認識一些人擁有成功創業所須的一切技能。但他們永遠不會真的去做，因為他們無法接受每天辛苦工作，到了月底非但沒有薪水，還得自己掏錢寫支票給公司。

除非你曾創辦公司並成功帶領它退出市場，或是擁有創業資金（多數人沒有，而且資金總是昂貴的），否則你必須先付錢給公司，才能「獲得資格」去拼命工作，直到你成功募到資金。

大部分新創公司從來沒有賺到所需的金錢。多數人沒辦法理解工作卻沒有拿到錢的概念，而且99％以上的人，絕不願冒險付出資本來換取工作的樂趣。

你可以欣然接受公開失敗嗎？

失敗通常發生在私底下：你說不想念法學院了（其實是LSAT考砸了），說想多陪陪孩子（其實是被炒魷魚

了），或說要專注在一些「專案」上（其實是找不到工作）。

但如果是你自己的公司倒了，那是藏不住的。那是你親手創的事業，如果你真的那麼厲害，生意應該會成功吧？錯！一旦失敗了，那種感覺就像是國小時尿了褲子，還被六年級的小孩在市場上當眾嘲笑——只是放大一百倍。

你喜歡推銷嗎？

「創業家」是「推銷員」的同義詞。說服別人加入你的公司，說服別人留在你的公司，說服投資者，還有……向顧客推銷。不管你在經營的是街角商店還是Pinterest，如果你計畫創業，你最好超級擅長推銷。

推銷是打電話給不想接到你電話的人，假裝喜歡他們，遭受差勁的對待，然後再次打給對方。我大概不會再次創業，因為我的自尊心已經強到很難再去推銷了。我誤

以為 L2 公司集結了眾人的聰明才智，代表產品本身可以自我推銷，有時候也確實如此。必定有那麼一個產品存在，它不需要你一次又一次公開出糗。事實上，那種產品不存在。

Google 有種演算法可以回答所有問題，並辨認出哪些人明顯有興趣購買你的產品，然後抓準時機對那些人打廣告。但 Google 依然需要雇用數千位有魅力的人，他們有平均水準的智商和優秀的情商，負責把東西賣掉。說穿了創業就是一份推銷工作，它的佣金為負值，直到你募集資本、有利潤可圖或關門大吉，就看何者先發生。

好消息是：比起你努力工作的程度，如果你喜歡推銷也擅長推銷，你就可以賺到比同事更多的錢，而且，他們將因此痛恨你。

你有多敢冒險？

在一家大公司裡成功不容易，需要一些與眾不同的技

能。你必須體現團隊精神,忍受動輒發生的不公和鳥事,還要懂政治,讓重要利害關係人注意到你做得好,獲得高階主管的贊助。然而,如果你擅長在大公司工作,那麼,在校正風險之後,你最好繼續這樣就好,不要受小公司的高賠率所苦。

對我來說,創業是一種求生機制,因為我沒有足夠的能力,無法在史上最強大的經濟平台,也就是美國大型企業中取得成功。

大學輟學後成為億萬富翁的故事不斷出現,又廣受宣傳,實際上是我們把創業浪漫化了。問問你自己,也問你信任的人,前面那些關於個性和技能的問題。如果你在前兩題的答案都是肯定的,而且你也不擅長在大公司裡生存,那就走進那個充滿混亂的猴子籠,去創業吧。

市場會循環,人生有風險

1999 年,我和一群鬧哄哄的舊金山網路公司創辦人

和執行長，一起去小型機場看私人飛機。當時我三十四歲，覺得自己應該擁有一間「一房一廳」的飛機公寓，能以0.8馬赫的速度在大氣層中穿梭，因為我自認是天才，光是帳面上的財富就足以買下一架灣流私人噴射機（相當於我媽工作一千年的薪水）。

一群三十多歲的屁孩在看私人飛機，還覺得這一切理所當然，這基本上就是金絲雀快要死掉的訊號。這些初出茅廬的「宇宙主宰」馬上就要被狠狠打臉了，而我們確實被打了。我沒有買噴射機。但我是捷藍航空的頂級馬賽克會員（Mosaic）。

摩根大通集團（JPMorgan Chase）執行長傑米·戴蒙（Jamie Dimon）將金融危機定義為「每五年到七年就發生的事情」。現在距離上一次經濟衰退已經十一年了。只要你年紀大到可以觀察到實際的循環，就會開始明白，你現在所處的經濟時代，是曲線上的一個點，這條線的方向改變的時刻將比你想的更早來臨，無論是好或壞的改變。

資產泡沫就是一波樂觀浪潮，把價格抬升到超過基本

面保證的價值,結果價格崩盤。1999 年,我對自己保證下次會更聰明。「下次」的意思是處在景氣好與不好的分界上。

所以,你要怎麼辨認出我們已進入危險地帶,以及你該調整自己的行為?有幾個量化指標能說明我們為什麼可能正接近全面泡沫,這之中包括我在紐約大學的同事花大量時間研究、也比我更了解的一些資料。但你不需要得諾貝爾獎,就能看出 1999 年和 2019 年之間的相似性。在這個特定情境下,有些比較軟性的指標,遠比其他指標更能顯現警訊。

景氣循環向下訊號

■ 關於估值、本益比及寬鬆信貸所造成的泡沫等指標,都是警訊。

塞斯・克拉曼(Seth Klarman),這位幾乎沒人聽過、卻極為成功的對沖基金經理人,最近警告說:來自刺激政

策的「糖分亢奮」,再加上「高膽固醇」式的保護主義,最終都不會有好結果。

■ 當國家和公司開始建造高樓大廈,就要小心了。

汎美大樓(Pan Am Building)、西爾斯塔(Sears Tower)和其他在新興市場上眾多像陽具般聳立於大地的巨塔,不過就像價值數十億元的炫耀性私處照片,而且可能在當時看來像個好點子,但除了俗氣之外沒有別的。

■ 公司註定失敗最顯而易見的警訊,通常是執行長開始自我膨脹。

當執行長開始「好萊塢化」,或相信他們沒出現在時尚雜誌封面或廣告上,對這個世界是重大損失,就是最強烈的賣出訊號。正如出現在 J. Crew 服飾廣告中的大衛‧卡普(David Karp)和出現在 Gap 廣告中的丹尼斯‧克羅利(Dennis Crowley),這兩則訊息,要告訴我們的應該是,他們公司的估值很快就會縮水了。

梅麗莎‧梅爾(Marissa Mayer)在《Vogue》九月號上那篇長達三千字的專訪,剛好就在她花了300萬股東

資金贊助大都會晚宴之際，這正是一個判斷力欠佳的指標。這種思考模式，最終會讓她再花上股東的10億美元資金，買下那個去拍 J. Crew 廣告的傢伙的部落格平台（Tumblr），結果發現自己砸了11億買了一個收益很低的色情網站。

■ **執行長的打扮也可以反映狀況。**

當某個創辦人開始穿著黑色高領毛衣登台亮相（「我就是下一個賈伯斯」），這通常不代表賈伯斯轉世了，而是意味著這家公司的股價快要崩盤，例如推特創辦人傑克‧多西（Jack Dorsey），或是 FDA 食品藥物管理局準備要禁止你進入自己的實驗室了，例如伊莉莎白‧霍姆斯（Elizabeth Holmes）。

■ **平庸＋兩年科技業經驗＝六位數收入。**

會寫程式、從學校畢業兩年的平庸小子，居然能在市場裡賺10萬美元以上？更糟的是，他們相信自己值得這個數字。

如果你會寫程式，這的確很厲害，但你沒有真正的硬

技能或管理能力。沒能認清自己報酬過高,意味著你將不會有足夠的資金,無法避免在情況嚴峻時,得回去窩在爸媽的地下室裡。

■ 商用不動產競標大戰。

那些被投資人認為是「下一個Google」的公司,手握廉價資金,在紐約與舊金山街頭橫行無阻,推高了商業地產的價格。

他們也和四騎士（Amazon、Apple、Facebook、Google）競爭,而四騎士正在買下紐約市的超級街區。

■ 對年輕的盲目崇拜。

我在三十二歲、經濟危機前受邀到達沃斯（Davos）參加世界經濟論壇（World Economic Forum）的年會,因為網路創業家就是當時的新太空超人。我碰到幾位執行長,他們想聽聽我對商業的見解,彷彿我顯然有獨特的見解。不,我沒有。我是個才華尚可的三十二歲青年,在其他時代頂多是過著體面的生活而已,但我卻當起尤達大師,為比我有經驗許多的商界人士,講解他們的公司該怎

麼做。網路公司倒閉潮來襲時我三十四歲,當我回到達沃斯,卻無法引起別人注意——根本沒有人想跟我會面。

 人們在不景氣時指望年長者領導,在景氣好,也就是市場充滿泡沫時尋找年輕人。伊凡・史匹格(Evan Spiegel)和傑克・多西是才華洋溢的年輕人,他們創辦的公司可能值幾億美元、甚至幾十億美元,但不是幾百億美元。Snap、WeWork、Uber、推特,這幾家公司加起來的市值超過波音,它們的掌舵人都是才華洋溢的年輕男性,在下一世他們大概會當上副總統(樂觀預測),而且會心懷感激。

我曾是二十幾歲的新經濟公司執行長，我可以告訴你，年輕CEO最大的資產，就是蠢到不知道自己會失敗。年輕CEO會去追逐一些瘋狂的路，有時候瘋狂竟然也會變成天才之舉。但多數人經驗不足，難以經營有數百或數千個家庭賴以維生的公司。

如果科技業繁盛期繼續下去，在未來十年內，出現青少年擔任價值 10 億美元的科技公司之創辦人或執行長，並非不可能。

然而當這件事情發生，我們的經濟就真的將瀕臨殭屍末日的邊緣。如果這個人穿著一件黑色高領衣，不把員工當人看，身上有刺青、鼻環或其他年輕人的配備，社會就把這些人當救世主一樣看待，那不只表示經濟即將崩潰，很可能地球也快爆炸了，所以大家都瘋了。我們現在崇拜創新與年輕，而非品格與善良。

不景氣像天災，準備好避難組合

包含與他人共同創立的公司，我總共創立了九家公司。什麼因素與創業成功或失敗的相關性最高？答案是：公司創立的時間。成功的公司都是在經濟衰退剛結束時創立：1992年與2009年。人力、不動產和服務與現在相比都便宜許多。

L2公司的策略長於2009年加入我們，她是我們成功的祕密武器。當時她本來已錄取的顧問公司延遲雇用她，我開出的每小時10美元薪水竟成了她最佳的選項。（當然，她現在賺得比當時多很多了。）

相較之下，創始於經濟繁榮時期，即1998年及2006年的公司則苦苦掙扎。我們公司在景氣好時只能吸引到比較平庸的人，因為優秀人才都在別處大顯身手。此外，廉價資本會營造出我們的產品與服務，在市場上成功有望的幻覺。

現在這個時候，最好的選擇是待在一家大公司。前提

是你很優秀，讓公司擔心如果薪水給得不夠好，你會跳槽去像Squarespace那樣的公司。如果你創業（其實任何公司都一樣），募資時要假設接下來一段時間都再也募不到錢。如果你原本打算募100萬，那就去募500萬。原則上，你應該在「不需要錢」的時候就開始募資。

別去讀商學院，當然，除非是紐約大學。商學院已經變成菁英和漫無目的者的勢力範圍，或者經濟衰退的難民收容所。如果你在景氣好時待在一家好公司，也做得很好，就留在原地別動。

目前狀況的後續進展還有待觀察，但如果你懷疑經濟即將崩盤，以下的避險方式提供給你參考。

分散投資

2017年，我堅信經濟已瀕臨泡沫破滅邊緣，於是賣出了大部分的持股。或者說我至少賣出了我不預期或不想擁有十年以上的資產。

如果你還年輕,你在市場裡的資金可以撐過數次波動(畢竟抓準買賣時機很困難)。但如果你是創業家,或是手上持有大量占你資產比重很高的投資,我可以很有把握地說,雖然牛市不是最好的賣出時機,但絕對不是糟糕的賣出時機。

我們在2017年賣掉了L2公司。儘管我對這家公司的前景很有信心,但市場動態往往會勝過個別表現。當時我們已經進入牛市八年,市場本來就該修正了,甚至可以說早就該修正了。

儘管在許多知名案例中,有人把財富極度集中然後賺了數十億美元,想想貝佐斯、蓋茲、祖克柏,但還是一樣請假定你不是那種人。投資和增加財富的唯一真理:分散投資。

如果你有幸擁有一項資產,不管是股票或房子,而且它大幅升值,占了你財富中的大部分,把它轉為流動資產,愈多愈好。如果有人施壓叫你不要賣,請問問你自己,施壓者無論是董事會、投資者、市場、媒體……是

不是已經很有錢,若確實如此,就忽略他們。

當我的資產之一巨幅升值,通常是我其中一家公司的股票,而我沒有追求流動性,多數狀況下在我沒反應時市場就會介入,透過讓公司的價值崩盤來為我分散投資。記住,該全權掌控你的資產如何分散投資的人是你自己,不是市場。

維持 80％現金資產

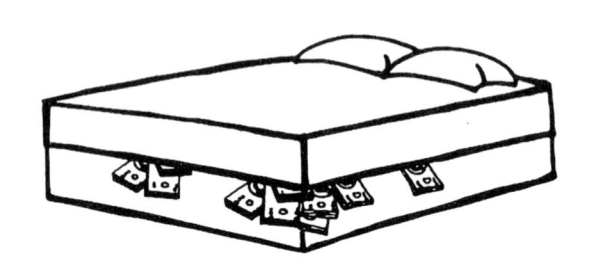

我的財產中有80％是現金,最講求合理的財務經理一定會告訴你,這很愚蠢。雖然這很蠢,但距離入圍我做

過的蠢事排行榜，還有一大段距離，比方說，我三十二歲時曾拒絕別人用5500萬美元收購我第一家公司，那家公司當時年營收才400萬美元；以及我曾把全部資產都壓在科技股上。

每次泡沫破滅，我都希望自己有很多可動用資金，因為市場會變成Snap的反面，也就是那些好公司出現低估值的時候（例如Williams-Sonoma每股5美元，Apple每股12美元等等）。我現在願意放棄一些獲利，因為我太想要在下一次經濟衰退來臨時，站在對的那一邊。

聰明的財務顧問會建議你，永遠不要完全退出市場，但是我就是忍不住這麼做……睡覺的時間到了。

保持謙虛

如果你目前一切順利，要明白其中大部分的原因不是你主導的，只是你剛好碰到景氣繁榮。這種謙遜讓你懂得量力而為，並在財務和心理上準備好應對下一場競賽。當

這輪循環進行到另一個階段,藉由再一次知道這不是你的錯,而且你不像市場讓你感覺的那麼白痴,這可以讓你得到一些安慰。

衡量真正重要的事物

「為考試而準備」是一種本能。我們所重視的一些衡量指標,是我們的意圖、行動與價值觀的護欄。我們都內建了一個Fitbit或Apple Watch,試著在生活裡的不同領域達到特定指標。

你的衡量指標,以及對你而言重要性特別突顯的數字,可以充分說明你是誰。以下是與我形影不離的指標,包括好的、壞的,與醜陋的:

1. 淨值

我經常想到與金錢有關的事。我明白這聽起來有多糟。在我錢不多時,我不太追蹤財務狀況。即使是現在,

當我知道自己的投資組合被重挫時，我也會幾天不去看券商帳戶，因為我不想讓自己心情沮喪，而且我也知道（大多時候）它們終究會回來的。

就像生命中大部分的事情那樣，你在市場中的得與失，永遠沒有表面上看來那麼好或那麼糟。我寧願去做私募股權或創投，也不想在對沖基金工作，因為每天都要面對一張績效成績單，實在太有壓力了。

有錢人都聲稱他們不太想金錢的事。胡扯，他們對金錢癡迷。說「有錢人不太想金錢的事」，只是為了澆熄資產較少的那三十五億人的怨恨，以免發生革命。難道有錢人之所以有今天，只因為他們善良又才華洋溢，自然而然就發生了「哎唷，我怎麼這麼有錢？」我已經說過了，那些叫你追隨熱情的人已經很富有了。他們堅定追尋某一條道路，早已執著於成功很長一段時間。他們希望自己聽來很勵志又會喊口號，因為成功的真相是，你需要每週工作六十小時到八十小時，持續幾十年，這種話不會在畢業典禮致詞時贏得掌聲。

我認識的每個富人都以嚇人的精細程度，衡量他們的淨值，而且經常這麼做。若你沒有靈活的腦袋，就只能有空虛的錢包。畢竟，我們活在資本主義社會，擁有多少錢是種前瞻性指標，顯示你未來可享有多好的醫療、多舒服的家、多和諧的關係，以及你小孩的教育品質。

2. 信用評分

二十世代的尾聲，在我要為大學畢業後的第一間房子貸款時，碰到了麻煩，因為我的信用評分為 580 分。原因不是我沒賺錢，而是我太不負責、太不成熟、太愚蠢，沒有準時繳帳單。直到現在，我還是覺得自己頭上有個大大的「580」記號。

3. 追蹤人次與點閱率

十二萬和三十五萬，這兩個數字分別是我的推特追蹤人數，以及之前 YouTube「贏家與輸家」（Winners & Losers）系列影片每週的平均觀看次數。後來，我們在

2018年底停止經營「贏家與輸家」這個節目。我沒有對社群媒體上癮，也不那麼享受使用社群媒體，但我對回饋與肯定成癮。我一天閱讀留言和查看按讚數及轉推好幾次，那是我終日放在口袋裡的多巴胺點滴注射液。

4. 回家的頻率

我的父親正步向死亡。雖然他的健康狀況還不錯，也沒有什麼特殊的疾病，只是他已經八十八歲了，一般而言，代表他距離生命盡頭愈來愈近。

過去五年來，我每年至多見他兩次。我把這件事埋藏在心底，努力讓他過上更舒適的生活，每個星期日都打給他。然而，只要坦誠面對就會發現殘酷的真相……我沒有成為自己期望的那種兒子。

5. 學生人數

過去十五年，我每年約教四百個學生。我喜歡這些小孩，他們喜歡我而且感覺我彷彿在創造價值，當然後半部

是我個人的認知。很多學生常和我互動，向我表達感謝與欽佩，令我覺得自己相當重要。

6. 創業次數

我開過九家公司：三家成功、四家失敗、兩家介於成功與失敗之間。除了美國之外，我不相信有任何文化或國家會給我這麼多次機會。

參照標準、衡量指標和里程碑可以毫無意義，也可以充滿深刻的智慧。這些數學算式的副產品，是懂得承擔責任帶來的結果，也助你產生有別於他人的人生洞見。

這些數值中蘊藏的智慧，包含關於市場、關於如何創造價值，以及我們想過怎樣的生活。

檢視你生命中的衡量指標，是健康的練習，也能讓你一直走在不偏離目標的路上。

總之，我該去看看我爸了。

6
成就是手段而非目的

在我還是UCLA的大一新鮮人時，大衛‧凱瑞（David Carey）是四年級的學長。我們參加同一個兄弟會，互相認識但不是朋友，因為我們實在太不一樣了。大衛和名叫羅麗（Laurie）的女孩穩定交往，擔任校刊《棕熊日報》（*Daily Bruin*）社長。他戴著大眼鏡，看起來像四十歲。我沒有成熟到和別人穩定交往，每天綁個馬尾、抽很多大麻，參加划船隊。

三十年後，大衛和羅麗結婚了，他負責赫斯特公司（Hearst）的雜誌事業，戴著大眼鏡，看起來依舊像四十

歲;我還是抽大麻,但我成了一個完全不同的人。大衛改變之少,勝過任何我認識的人,而且是好的那種沒變。

我在二十幾歲時,聽說了大衛的事業進展,因為大學同學間無可避免聊到「誰現在超強的?」大衛一定在名單上。他是業界最年輕的雜誌社長之一。接著,他才三十幾歲就登上康泰納仕(Condé Nast)的高位,包括《紐約客》(*New Yorker*)的發行人。

大衛經常主動聯繫我,邀我去康泰納仕(Condé Nast)共進午餐,我們會走進由法蘭克・蓋瑞(Frank Gehry)設計的員工餐廳,在一群超級時尚、靠父母資助念時尚相關科系的年輕人之間吃壽司。安娜・溫圖(Anna Wintour)會和S. I. 小紐豪斯(S.I. Newhouse Jr.)坐在角落的包廂裡。

當時我還在舊金山創辦科技公司,身邊都是那種一離開房間氣氛才變好的類型。但我一來到紐約,我們就在「穿著Prada的惡魔」旁邊吃午餐。那種感覺不只是跟上時代,更是迷人。作為交換,當我的創業投資人開始嚷嚷要打造品牌,我都付超過預算許多的費用來買《紐約客》和

《時尚泉》（*InStyle*）的廣告。

某天大衛結束康泰納仕的工作後，邀請我到赫斯特塔五十五樓的雙人座私人包廂共進午餐，有穿西裝的服務生為我們端上知名的酥皮糕點。那時候我正在紐約大學教書，在專業方面沒什麼東西可以提供給他。但我成了他的朋友，而大衛的人生準則包括要和朋友保持固定聯繫。

現在，我們在專業上幾乎沒有任何重疊。我為《君子》（*Esquire*）雜誌寫了一篇文章，這是他出的主意，但我們沒有合作。儘管如此，我們卻變得更親近了。主要原因是我們共享同一種福氣，我們在十八歲或二十二歲時還未明白自己擁有這份福氣，但隨著年紀增長，它在心中的分量提高了。

我們都來自洛杉磯的中產階級家庭。慷慨的加州納稅人和有遠見的加州大學董事會提拔了我們，讓我們有機會嘗試變成有重要性的人，過上令自己滿足的生活。

2018 年，大衛宣布將卸下赫斯特雜誌集團總裁的職位。在我們最近一次午餐時，他和我分享了這個決定。這

讓我百思不得其解，因為大衛還算年輕，在赫斯特備受好評，而那是一家很棒的公司，對員工很好。我建議他留下來，因為他正「奔向奮鬥的終點」，該在那個位子上再多享受幾年。

我第一次感受到大衛流露出難以掩飾的情緒（他平時就像座磐石）。他回答我說：「我想幫助年輕人，而且我受夠開除朋友這檔事了。」

如果你擔任主管的部門每年成長50％，贏得讚賞是很容易的。但要在離開印刷業時，擁有朋友和完好的聲譽，就像在發燒的情況下贏得波士頓馬拉松一樣困難。

大衛是我的榜樣，不只因為他的專業成就，我認識很多非常成功的人。而是因為大衛從未失去原則。而我和許多、或多數有企圖心的人，都曾在人生中的某個時刻失去了原則。

專業成就是手段而非目的。取得成就的目的是為了保障家人的經濟安全，更重要的是和家人及朋友建立有意義的關係。

大衛和羅麗結婚超過三十年，四個了不起的孩子已經成年，他們一直在父親身邊，而且毫不掩飾地敬仰他們的父親。他的朋友欣賞他，也樂於接受他的讚賞。

　　我們最後在職業上達到相似的地位，這出自於我自我感覺「超好」的判斷。我的成功源於加州大學、努力工作及承擔風險。大衛步上高位則是加州大學、努力工作與好品格的綜合結果。

從拒絕中學習

　　我從高二、高三到高四都競選班級代表，三次都選輸了。根據這樣的成績，我顯然該競選學生會長。我選了，然後，我輸了。我也被棒球隊和籃球隊淘汰。我記得在 UCLA 先是拒絕、後來錄取我之後，我和媽媽去塞普爾維達大道上的 Junior's Deli 餐廳慶祝，那裡有全紐約最好吃的起司蛋糕。

　　入學之後，我跑了五個兄弟會，獲准進入其中一個，

因為他們正在找可以付會費的人填滿那間屋子。我畢業後去二十二家公司面談,只有一家錄取我,就是摩根士丹利。

我申請了幾所學校的企業管理碩士班,被史丹佛、印第安納大學、華頓商學院、杜克大學、德州大學奧斯汀分校和凱洛格(Kellogg)管理學院拒絕。UCLA 和柏克萊哈斯商學院錄取了我,我用的是首次說服 UCLA 的同一說詞:「我是個平凡的小子,但我是像你們一樣的加州小子。」

我在商學院競選班級代表然後輸了。從商學院畢業以後,我創業九次,多數失敗了。

每天都冒一點險

我喜歡喝酒,但酒精也可以達到實用的演化目的,因為酒精可以大幅擴增潛在伴侶範圍。在社交場合,酒精一向是對抗拒絕的防彈衣。喝了幾杯之後,我可以展現出更好的自我:更好笑、更感性、更有自信、更投入、更親切……總之就是更好。

我還記得,自己在位於邁阿密海灘旁的羅利飯店(Raleigh Hotel)游泳池見到一個女人,深深受她吸引。

我下定決心要在離開前跟她說話,於是馬上點了一杯酒,我知道這並不值得炫耀。比起在正午接近和一對男女一起坐在海灘椅上的女人,然後開啟話題,向創業投資者要錢根本不算什麼。我告訴學生,如果不冒險面對拒絕的可能,就不可能發生美好的事。勇氣是機運背後的變因。

我願意忍受來自大學、同儕、投資者和女人的拒絕,這帶給我極大的收穫。能知道自己想要什麼是種福氣,而且,比起缺乏才華或市場,害怕拒絕是更大的障礙。請每

天訓練自己冒某種風險，例如要求升職、在派對上自我介紹等，習慣挑戰超出能力範圍的事情。

我大兒子的中間名就是羅利（Raleigh）。

如果沒人雇用你，就成為自雇者

員工顧名思義，就是受公司雇用，定期提供服務以換取報酬的人。

我現在是顧能的員工，因為顧能收購了 L2 公司。雖然受雇還是痛苦，但比預期中的痛苦少了很多，因為同事都聰明又友善。

我上一次受雇是二十五年前、從 UCLA 畢業後在摩根士丹利的第一份工作。我做過幾十份兼職，但從來沒有附帶健保福利，或是那種公司把你當自己人的期待。

當一名員工，以及透過「工資換勞力」的契約，是資本主義的核心，也正是美國人擅長的事情（大多數的美國人）。

職場專業人士必備的特質

　　媒體每天都在讚頌創業家所需的技能與特質，包含有遠見、敢冒險、具備恆毅力。但很少人提到擔任好員工所需的技能，而我幾乎完全沒有那些技能。大家多半誤以為因為我是個創業家，所以沒有公司容得下我非凡的才華。

　　事實上，90％的創業家之所以會開公司，不是因為能力高超，而是因為缺乏成為出色員工所需的技能。在校正風險之後，受雇於一家好公司或傑出公司，比當個創業家更有益。這又是著迷於「創新」的媒體，從來不討論的事情。那些技能包括：

1. 當個成人

　　當個大人糟透了，這一點我完全同意。你必須做自己不想做或可能沒道理的事，例如在尖峰時刻通勤上下班、出席和你的職務無關的會議等。但公司付錢給你，所以這些無理的事全變成責任，但願那薪水高到讓你付得起除痣

費用。當個成人的重點,在於認清你不是一切的中心,學會這件事就能讓你在組織中成為頂尖的 20%。

　　以上這些事在某種程度上都可以算是精神凌遲,如果你真的無法忍受這些事,就成為自雇者吧。最近我的公司發給每位員工一份企業桌曆,那個桌曆上每個月都有一句格言,我們一月要「發現、學習、成長」……謝謝指教。我相信在辦公場所張貼勵志格言,可以算是虐待員工,而把這件事寫出來則使我獲得安慰。

　　當你成為自雇者,所有事情主要都為自己而做。那時候,你的行動就合理了,你主導了一切。

2. 禮貌

　　由於我是個創業家,大部分的時間還是主要決策者,大家都把我的直率浪漫化為遠見與領導力。然而,這混合了憤怒、誠實與回饋的化合物,在當員工時可行不通,因為「正確」和「有效」之間存在差異。員工必須穿梭在兩者之間,明白自己是團隊的一份子,需要彼此支持。

小型到中型公司裡坐在總經理辦公室內的混蛋，通常是經營那個地方的主事者。一家公司愈大，地位最高的那個人愈不能耍流氓，因為這種「過分直率」在公司規模擴大時，不再適用。小公司會因為六個到十二個A級球員拚命工作而興盛，而這些人沒耐性到令人難忍；大公司則由數百或數千名彬彬有禮的B+級球員組成。

3. 保有對自己的安全感

　　為別人工作代表活在未知裡。你經常發現，自己無法詮釋語言或非語言線索，或對你的考核。你不確定那個可以影響你生活經濟水準的人，對你有或沒有什麼計畫。我大學畢業時超級沒安全感（現在只是沒安全感），每次別人走進會議室，我都假定他們在談論我。老實說，讓我走向創業的不是遠見，而是不安全感。

　　我現在是顧能的員工，必須忍受一些多數員工都要忍受的鳥事，但我變得比較淡定了。我不知道他們是不是怕我，不知道該拿我怎麼辦，或只是不在乎⋯⋯但他們通

常不管我,也支持我。

在自己創立的公司當個員工,而沒有直屬的員工感覺很奇怪。我和其他員工一樣,得從電子郵件得知公司下一個季度的計畫。這種感覺有點像飄浮在太空裡,我穿著閃亮的服裝,大家對我表示欽佩,我享受並沉浸於眼前的美景,也就是大家口中的成功,但和母船之間再也沒有繫繩相連。這股不安全感又開始了。我有創造價值嗎?他們會喜歡我嗎?我在這裡幹嘛?他們為什麼要聽我的?我有什麼資格提供建議?

做個被需要的人

我工作中最令人滿足的部分,是信任我的年輕人會向我諮詢下一步該怎麼走,或是問我其他關於工作的事情。到了我這個年齡,其中一些小孩,如同我稱呼他們的方式,變得真的就像你的成年子女,你會開始掛心他們過得好不好。這很令人感到滿足,搔動著我們隨年紀增長而出

現的母愛或父愛。

我就像是喬・納瑪斯（Joe Namath）突然現身噴射機隊的訓練場。大家都很尊敬我過去的成就，也都想跟我見面聊聊。但我擔心不久後，我就會變成「喝醉的喬」，大家都在想該用什麼禮貌又不尷尬的方式，請我離開大樓。那一天總會來臨。在那之前，我還是受他們雇用的人。

感謝永遠不嫌晚

一直到中學，我都覺得自己像隱形人。小學二年級時，我是家中的獨生子，爸爸是國際電報公司的副總裁，

媽媽是祕書。我們住在尼古湖（Laguna Niguel）俯瞰太平洋的房子裡；到了八年級，我是單親媽媽的兒子，而她依然是祕書，我們住在西木村的公寓。三年級時，我被送去上五年級的數學和英文；到了八年級，我微積分被當，老師建議我降級去上代數。

我在四年級時，進入明星棒球隊擔任投手和游擊手；到了八年級，我當時上一所較大型的種族融合學校，裡面有八年級就可以灌籃的小孩。我最好的兩個朋友的家長把他們轉出愛默生國中，他們判斷種族融合學校不適合自己的小孩，於是送他們去讀私立學校。我十八歲前的人生，從不凡變得平凡到不可思議，在這個過程中漸漸成熟。如果要認真描述那時候的我，大概就是什麼都不擅長、沒幾個朋友、沒有真正的自我感，就像個隱形人。

那時我媽的男友藍迪住在雷諾（Reno），經營一家餐館用品公司。他很有錢，或看起來有錢。不只如此，他很慷慨，努力帶給女友的兒子幸福。藍迪隔週和我們一起過週末，他們向來歡迎我跟他們一起去旅行，我第一個

Bahne 高級滑板是他買給我的。藍迪幫我們付西木村的公寓房貸，因為我擔任祕書的媽媽負擔不起。他讓我們的生活實質上變得比較好過。藍迪也結過婚，有個兒子，但那又是另一個故事了。

　　有個星期天傍晚，藍迪正打包準備離開，我問他關於股票的事。我聽過本地新聞主播傑瑞‧鄧菲（Jerry Dunphy）在電視上提到股票市場。我一邊看著藍迪折毛衣，把高級盥洗用品放進皮製盥洗包，裡面有英式皮革古龍水、Barbasol 刮鬍泡、還有美能牌（Mennen）的鬍後水等，他一邊向我概述股票市場。

計程車喇叭響起時，我提著他的袋子下樓。藍迪在餐桌停下，拿出他的皮夾，把兩張平整的百元鈔票放在桌上，說：「去村裡找個高級股票經紀人買些股票。」我問他要怎麼做。「你夠聰明，可以自己搞清楚，如果我回來時你還沒搞清楚，我就要拿回我的錢。」我之前從來沒見過百元鈔票。

　　我把鈔票放在我的一本《大英百科全書》下，隔天放學後跑去西木大道和威爾夏大道的街角，進入美林證券（Merrill Lynch, Pierce, Fenner & Smith）的辦公室。我坐在接待區，又成為隱形人了。

　　他們沒有對我不友善或態度惡劣，只是我隱形了而已。儘管隱形，我卻開始感到不自在。沒多久後我決定離開，過馬路進到添惠證券公司（Dean Witter Reynolds）。一位戴著大金飾的女人問我需要什麼，我說我要買股票。她停在那兒。我再次感覺不自在，脫口而出：「我有兩百元。」然後從我早上裝好的信封中，拿出那兩張平整的鈔票。她跳起來，給我一個透明口洞信封，請我等一下。我

坐著把鈔票放入新信封，可以透過玻璃紙看到富蘭克林的頭髮和耳朵。一位捲髮的年輕男人向我走來，詢問我的名字並自我介紹。

「我是賽·柯德納。歡迎來到添惠。」

柯德納帶我走到他的辦公室，給我上了一堂三十分鐘的股市課程。買家和賣家的比例決定了價格變動。每股代表一小部分的所有權。你喜歡或欣賞什麼產品，就可以買那家公司的股票。業餘者依據情緒行動，專家則看數字行動。我們決定用我那筆獎金，買進十三股哥倫比亞影業（Columbia Pictures），當時行情為 15.375 美元。

接下來兩年，每個週間的午餐時間，我都到運動場上

的電話亭,用 20 美分的硬幣打電話給柯德納討論我的投資組合。有時候,我在放學後走到他的辦公室,親自聽取最新訊息。他會輸入股票代號,告訴我那天的行情如何,並猜測股價為什麼變動:「今天市場低迷」、「看來《第三類接觸》(*Close Encounters of the Third Kind*)是賣座強片」、「《凱西的影子》(*Casey's Shadow*)是票房毒藥」等,柯德納也花時間打電話給我媽,不是為了向她推銷,而是讓她知道我們在電話中討論的內容,還有大大稱讚我一番。

如果最後我成了身價億萬的避險基金經理人,這個故事會更有趣,可惜我沒有成為那種人。但我對市場的了解比大部分行銷教授都多,這對我幫助。甚至可以說很有幫助。更重要的是,十三歲的我被看見了。被看見,而且值得一個了不起的男人每天花時間在我身上。

藍迪和柯德納逐漸讓我知道,了不起的男人可以為一個孩子的幸福,付出非理性的熱情,而且是一個不是自己親生的孩子。上高中以後,我和柯德納斷了聯絡,幾年後

我把股票賣掉來付我和大學朋友去恩森那達（Ensenada）公路旅行的費用。

想表達遲來的感謝

我在四十幾歲時有幸擁有較高的自我覺察。覺察我的強處、弱點、我擁有的好運以及什麼東西讓我快樂。

但問題也來了，我同時也更清楚自己在人生中的虧欠：那些我索取多於付出的地方。我的朋友比我在友誼中付出更多；我的女朋友比我更忠誠也更慷慨大方；甚至加州的納稅人，也替我在UCLA的教育買單，而我回報給他們的，卻是徹底不及格的表現。我接受別人的給予，總是在接受。

我試圖補救，所以在十年前決定找尋柯德納，向他道謝。我用盡方法Google他，甚至打給添惠，現在是摩根士丹利了，但運氣不佳。他可能過著低調的生活，或者完全離群索居。

我在班上談到人生嚮導以及有多少陌生人的仁慈之舉,對我的人生和成功造成了影響時,講了這個故事。

過去十年我對學生提出挑戰,看誰能找到柯德納,我甚至敢提供 5,000 美元的高額獎金,因為我知道他們將空手而回。

「我們找到柯德納了」

我在2018年的品牌策略課程上,向170個學生提出尋人挑戰的隔天,我接到不只一封、不只兩封,而是三封電

子郵件,主旨都一樣:「我們找到柯德納了」這三位初出茅廬的夏威夷之虎(Magnum P.I.)神探,在臉書上找到了柯德納的姪子並跟他聯絡,然後要到了他的電話號碼。(這裡值得特別強調一下:這就是數百萬件發生在社群平台上的好事之一,畢竟我最近說了不少臉書的壞話。)

我在那個星期打給柯德納,聊了一個小時。我們的人生路徑異常相似:UCLA、金融服務業:都是摩根士丹利,但柯德納經過了添惠、離婚、兩個小孩、然後創業。柯德納離婚之後想離女兒近一點而搬到奧勒岡州,在那裡開一家名叫「摩納哥」的商店,販售高檔家具。他希望明年退休。在我們四十年來第一次聯絡之後,我接到以下這封來自柯德納的電子郵件:

賽・柯德納〈×××@gmail.com〉
2018 年 5 月 27 日

親愛的蓋洛威教授(史考特):

昨天和你談話真是太開心了。你的人生走過了不起的路，而且很多方面與我的人生相似。結束通話之後，我和女友分享了很多這場對話背後的故事。她也覺得很不可思議！容我花點時間提煉我的想法與感受。

你的堅持不懈與成功，反映出你母親給予的養育與關愛。此外，你小時候最明顯的特質，就是對知識驚人的渴求，就像我一樣。我很驕傲我們在你還那麼小的時候就認識了，而且留下了具建設性的影響。我非常以你為榮！

期待再次見面。你需要什麼就隨時連絡我。

賽・柯德納謹啟

四十年後，我又回到十三歲，有個慷慨的人讓我感覺自己沒那麼像隱形人。

接近七十歲生日的柯德納，正在盤點生命中的福分，

他嘗試再婚,考慮賣掉商店,慢慢準備退休。五十四歲的我也正在盤點生命中的好運,試著修補我的缺陷。

第三部

關係是最重要的投資

7
找到互相照顧的伴侶

　　愛與關係才是人生的終點——其他一切只是手段。人類這個物種，會對愛進行分段。當我們年幼時，我們是接受愛，來自父母、老師、照顧我們的人的愛。進入成年後，我們進入一種「交換式的愛」：我們愛一個人，是為了換取某些東西：他們的愛、安穩，或親密感。接著是「完全的愛」，那是一種無條件的付出：即使對方不再愛你、即使你什麼都得不到，你依然選擇去愛這個人。沒有條件，沒有交換，只是一個決定——去愛這個人，並全心關注他們的幸福。

被愛是種安慰，彼此相愛是種回報，而無私地去愛，則是永恆。那一刻，你超越了凡人，成為不朽的存在。我們作為人類這個物種的成員，最重要的角色與任務，就是去無條件地愛一個人。這正是智人得以存續的祕密配方。而為了讓我們願意持續投身其中，大自然讓這件事成為最令人滿足的體驗。去完全地愛一個人，是人生最大的成就。那是在向宇宙宣告：你存在，你是一股推動生存、進化與生命的力量。你仍只是宇宙中的一瞬——但這一瞬，有它的意義。

最重要的決定

和誰一起生養孩子是人生中的關鍵決定。和誰結婚是

有意義的，和誰一起生養孩子則有深刻的意義。不過，我還是認為想擁有美好人生，不見得一定要結婚。

和仁慈、有能力而且你樂於與之共處的人一起養育孩子，會為你帶來一連串充滿收穫與驚奇的歡樂時光；和你不喜歡或能力不足的人一起養育孩子，帶來在焦慮與失望中的慌忙歲月。

與某個和你彼此相愛的人一起打造人生，幾乎保證你的人生將收穫滿滿，並穿插著純粹的喜悅時光；和一個不穩定或輕視你的人共度人生，代表你永遠沒辦法好好喘口氣，放鬆享受你擁有的福氣。

如何挑一個好對象？

你要怎麼找到這樣的人？年輕人必須克服找對象很難的情緒。讓我解釋一下。演化的關鍵在於嘗試越級打怪，將你的 DNA 和擁有更佳 DNA 的人相混合，這就是所謂的物競天擇。

你向別人示愛後遭到拒絕，就是個挺準確的指標，顯示你目標太高了。在平衡計分卡上，你最終比較可能找到在性格、成就、外表與家世方面和你屬於同一量級的人。拒絕是個立即而可靠的訊息，說明你的感情目標擁有比你更好的 DNA，而且對方知道這一點。問題在於你開始把「拒絕」和對方「擁有較佳 DNA」連結在一起，我不是在建議大家不要越級打怪，這是能夠成功的一種關鍵特質，或別約那個髮型很好看的高個子出來。但有一件簡單的事可使渴望愛情的人獲益：喜歡某個喜歡你的人。

對方覺得你很棒，是這個人的特色而非缺陷。我發現多數年輕人要到真正走入一段關係之前，往往都會先經歷某種形式的被對方拒絕，而這種拒絕常被解讀為對方擁有「更優秀基因」。沒錯，你可以去追求等級比你高的對象，但不要掉入陷阱，誤以為別人沒那麼喜歡你，就代表他比較好。還有，如果有人覺得你超棒，也不代表他低於你的等級或沒那麼好。

我的狗「柔伊」總是挑選最愛牠的人。牠永遠像歐普

拉（Oprah）那樣受歡迎。我們都該和柔伊一樣，找一個把你放在第一位、優先於任何人、事、物的人。

影響終身大事的小事

我有個朋友是成功的避險基金經理人，他之前搬家到葡萄牙里斯本外的一個小鎮卡斯凱什（Cascais）。他想重整人生、更關注家庭，享受葡萄牙的生活品質。他待在紐約時住在我家，我很開心，因為冬天的紐約大學教職員宿舍有點寂寞，甚至令人憂鬱。他不只在職場上表現卓越，也很懂得照顧別人，總是自然地給予身邊的人最需要的協助。昨晚我回到家，他宣布我們要去蘇活之家吃晚餐。

我們巧遇兩個朋友，一個最近剛訂婚，另一個剛離婚。我們恭喜那位比較年輕的朋友即將進入婚姻，然後投入到更重要的話題——了解在我們這個年齡處於單身的每一個細節。

單身的代價與婚姻的回報

有一件事已經變得很清楚：儘管單身也有好的時候，但要花很多力氣。梳妝打扮、準備出門、做約會計畫、上 Tinder 交友軟體、傳簡訊、追求、拒絕、去科切拉音樂節（Coachella）、玩遊戲、被拒絕……令人精疲力竭。如果一個人擅長單身，這要不代表你是活在非現實世界裡的人，要不就是你能得到想要的一切。我認識幾個這種人。不然，就像所有工作一樣，你必須全力以赴。

研究顯示，婚姻在經濟上具有優勢。有伴侶可以共同

分擔開銷與責任，讓彼此能更專注於自己的職涯發展，加上群體智慧（伴侶間的討論）通常能帶來更好的決策（例如：「不行，我們不該買船。」）。婚姻能簡化許多生活選擇，讓你把注意力投入在會增值的事物上（你的職業），而不是會貶值的事物（吸引異性或出現在「對的場合」）。

結婚以後，家戶資產每年平均成長為 14%；等到了五十歲，已婚伴侶的資產平均為單身同儕的三倍。

關鍵是什麼呢？認真看待「至死不渝」的誓言，因為離婚真的會耗掉那三倍的資產。從演化的角度而言，單一伴侶關係增進了後代的生存機會，對我們物種整體有利。

結過兩次婚的啟示

婚姻的歷史可以追溯到古老社會。我們的祖先需要安全的環境，來生養小孩及處理財產權。以愛情為基礎的婚姻，直到浪漫時期才變得普遍。訂婚戒指這個習俗源於古

羅馬,環形象徵恆久與永遠的結合。人們過去相信有條血管或神經,直接從左手無名指通到心臟。

我很擅長結婚,我結了兩次婚。一次很好,另一次超棒。我的第一段婚姻之所以結束,不是因為那段婚姻很糟,而是因為我想維持單身,那又是另一個故事了。每當有人請我在婚禮上致詞,我都會提出以下關於婚姻的建議。這些建議來自男性視角(我也沒辦法)。

1. 別一直算分數

人性傾向誇大自己對一段關係的貢獻,並淡化伴侶的貢獻。如果伴侶間一直記錄誰為誰做了什麼,是在浪費精力,而且最終雙方都覺得自己輸了。請判斷這段關係整體是否帶給你喜悅與安適,如果確實如此,也最好如此,就要承諾永遠站在付出的一方,以慷慨大方為目標,盡力為伴侶付出,愈多愈好。

如果你的伴侶搞砸了——這很有可能會發生,你要願

意既往不咎。研究顯示，在持久而幸福的關係當中原諒是個關鍵。

美國成功的主要因素之一，是我們給人第二次機會。在關係中也是一樣，想擁有真愛與形成夥伴關係，你一定會需要原諒，即使當下你會感到不公平甚至丟臉。

隨著年齡增長，我們會從付出中獲得更多滿足。如果總是在計較得失，那你將永遠無法體會人生真正的喜悅：單純因為你愛一個人，願意為他做些什麼，並把他的幸福擺在一切之上。就是這麼簡單。人類最重要的貢獻是成為照顧者，照顧者得到的回報是較長的壽命。婚姻就是承諾照顧對方，日復一日。

2. 永遠別讓老婆挨餓受凍

我說的是……永遠。回想起來，我和伴侶真的吵到很難看的局面，多半因為我們沒吃午餐。我強烈建議，你買的車一定要設有雙區恆溫空調，還有，當你們在餐廳裡坐下、採取任何動作之前，先確保你們不會與魔鬼共進晚

餐——坐在冷氣送風口。

出門時永遠別忘了帶穀物能量棒,和一條攤開來就能變成毯子的超大喀什米爾披巾。相信我,未來你一定會很感激有人這樣提醒過你。

3. 盡可能常常表達情感與慾望

情感、觸碰與性愛強化了你們專一的關係。也就是除去其他一切,這個人就是你想要的。我們是動物,情感與性愛就是你最能展現真實自我的媒介。覺得自己不吸引人的人,比較容易缺乏安全感,在你面前也變得比較不喜歡自己,這可能轉移為關係毒瘤:冷漠與輕視。

根據我的經驗,生命中最令人滿足的,就是家庭與專業成就。如果沒人和你分享這些,你就像撞邪了——事情彷彿發生了,又好像沒發生。但是,有了合適的伴侶,這些事情感覺很真實,你覺得自己和人類更有連結,一切開始產生意義。

「我願意」的意思是「我將……照顧、保護、滋養以及我想要你。」

8
把握錯過不再的時光

　　我的大兒子兩歲時,常在黎明時分醒來,把他最寶貝的收藏集合起來,也就是他的火柴盒小汽車們,放入柳條籃,然後向我們的房間前進。他站在門口伸出拿著籃子的手,用非語言的方式送禮,希望換得我們讓他進房。我們拒絕,帶他回自己的床上。同樣的循環在接下來兩個小時內,每 15 分鐘重複一次,直到我們起床。有幾次,我們早上發現他就睡在我們門外,想進來卻害怕被拒絕。

　　在育兒路上,幾乎沒有其他事比拒絕大兒子和我們一起睡更令我後悔。我們的出發點是好的,關於親子共眠的

西方研究強調，讓小孩自己睡覺能協助孩子有自信及獨立，父母也能增進夫妻關係與親密感。但這種事情沒有放諸四海皆準的做法，而多數文化傾向採取共眠的方式。但要提醒一點，我在談的不是父母與嬰兒共眠，因為與嬰兒共眠涉及安全風險。一個人需要讀過幾本親子教養書籍，才能明白一件事：沒有人知道成功育兒的演算法。

我建議新手父母採取自己感覺對的做法，信任自己的直覺。我們的直覺，以及我們過去幾年採取的做法，是確保每個人都在自己的床上入睡，儘管我們的狗睡在小兒子的床腳，再看看夜裡如何發展。有些夜晚，每個人都在入睡的位置醒來；但多數夜晚都有三個人到四個人在我們的床上。我偶爾會離開那擁擠的停車場，在大兒子剛空出的床上享受難得的好眠。

美國家長對於多常與孩子共眠閉口不談。我們都被灌輸了胡說八道的觀念，說共眠是不自然的。沒有什麼比親子共眠更自然了，日本人很喜歡共眠，甚至以「河流」形容：爸媽如河岸，孩子就像河岸之間的水流。

我們床上那條平靜的河流常會忽然逆襲,向臉踢來或提出搞不清狀況的問題:「爸,起床時間到了嗎?」「沒有,繼續睡。」我小兒子最舒適的睡姿是橫越我的喉嚨,像個 16 公斤重的領結。這讓我莫名放鬆,不知不覺睡著,或是這可能讓我輕微窒息而失去意識;我的大兒子則喜歡隨時都有一腳碰到媽媽或爸爸。他每九十分鐘就坐起來一次,只看看房內,然後又再睡著。

　　我爸在經濟大蕭條的年代長大,他最大的恐懼就是在貧窮中死去,幸好他現在很好。我最大的恐懼是我的自私傾向,轉化為對關係的投資不足,於是孤獨死去。我早早開始、也頻繁進行的一項投資,是我與兒子的關係。

　　我指望一週幾次發生在半夜的小小投資,最終能獲得回報。在床上享有較少的空間、身上出現莫名的瘀青、整體而言減少的睡眠時間,都是複利存款,目標是:他們將記住,爸媽永遠把他們放在第一順位。

　　來到這個世界與離開這個世界時,我們都孤獨而脆弱,渴望來自我們知道愛自己的人的觸碰,才能安然入

眠。我相信這些投資,將讓我兒子在爸媽又老又脆弱時,憑直覺躺在我們身旁,安慰我們……於是我們可以安然入眠。

願意為對方打亂原本的生活

我們有兩個摯友,他們是一對夫妻,他們的一位親戚因漸凍症而離世。不久,這對夫妻開始盤點自己擁有的福分,問彼此:「我們可以做些什麼,把握活著的時光?」那位丈夫是個冒險家,他提議和三個小孩一起搭高科技雙體船環球航行。這麼做完全是瘋了!那位太太是醫生,先生是公司執行長,這兩位在工作上有所成就,在社會上有一定地位的菁英夫婦,想在兩個巨大的手寫塗鴉板支撐下航行於廣闊遠洋,這點子實在太扯了。

他們在海上試航了一星期,我在 Instagram 密切追蹤那趟航程,包括守夜、大風大浪、引擎問題等所有訊息。我不懂。這看起來比較像受罰,而非全力把握生命。然

後，在一張照片之中，答案變得清晰。那位丈夫的喜悅，就算在 2D 的照片上也顯而易見。和家人在一起，運用他們的技能、力量與機智來擁抱與征服自然，讓他閃閃發光。這可不是濾鏡效果。

伴侶共享一起打造的成果，並為彼此的幸福拚盡全力，這可能就是人類繁盛發展的根基。生命中最令人滿足的東西，不是身上的行頭或科技發展，也不是卡地亞精品或波音飛機，而是數百萬年來都融於我們之中以強化人類的東西。

第一段婚姻破裂之後，我懺悔的方式之一是接受伴侶治療。我很驚訝自己樂在其中。我們的治療師是個聰明又有愛心的人，看起來對我最愛談的話題大致上感興趣……那個話題就是我。

我問治療師波里斯（Boris）他對愛的定義。波里斯覺得愛是願意為另一個人毀掉你為自己打造的人生。如果你納悶發生了什麼事，姑且這麼說，三十三歲的我在車裡聽廣播時不讓妻子轉台，更不願讓她改造我的生活，真該

死的自私。

根據這項指標,我在有小孩之前從未真正愛過什麼人。我們依循本能,主動中止了原本的生活,圍繞著孩子重塑了生活,我花了一些時間才辦到。小嬰兒真可怕!但慢慢地,本能發揮作用,現在我的週末排滿了足球賽、生日派對和《神偷奶爸3》。

和朋友一起吃早午餐、看電視及賴床很棒,但當你面對生命中大部分的問題,都能得到同一個答案時,有種撫慰人心的感覺,那個答案就是:只要是對孩子最好的。沒有小孩但仍善良關懷他人的人,也能得到同樣的喜悅。

愛上厭惡之事的唯一可能

我在和小兒子建立連結上遇到了困難,他現在六歲。我九歲的大兒子把我寵壞了,因為我們都愛一起看足球及踢足球,不知道為什麼,他覺得我超級酷。

我的小兒子則比較不是這樣,不過,最近我發現他喜

歡雲霄飛車。這大概是我人生最大的難關,因為我連搭電梯都會暈,但我願意忍受恐懼與噁心,搭乘諾氏莓果樂園（Knott's Berry Farm）的「蒙特蘇馬的復仇」。

他全程笑到失控,結束時問:「是不是很好玩?」我說謊道:「對……很好玩……」就在那一刻,我們好像比較親近一點了。

有一天晚上,我們和小孩去一家有才藝表演的家庭餐廳。餐廳舉辦了開放大家上台的卡拉 OK,我的大兒子自願上場,他的舉動讓我嚇一大跳。他點了小賈斯汀的歌〈Sorry〉。不過,螢幕上的歌詞跑得太快,他呆住了。這時我本能地跳到他身旁,開始在他耳邊小聲唸出歌詞,讓

他回到正常的狀態。

　　沒有太多東西比小賈斯汀或卡拉 OK 更讓我討厭了。但當你愛的人就在眼前，討厭的東西只是小麻煩而已。雙體船、雲霄飛車和卡拉 OK，都是用不同的方式講同一件事：我的生命屬於你，我愛你，我願意盡我所能的愛你。

9
練習成為溫柔的大人

　　情人節已經變成頌揚浪漫愛的節日，但根據維基百科，情人節其實是在向古時候兩位名叫瓦倫提努（Valentinus）的聖人致敬。其中一個人因為替軍人證婚而坐牢，卻讓判他入獄的法官的失明女兒重見光明。他在被處決之前寫信給那個女孩，署名為「你的瓦倫丁（Valentine）」。

最溫馨的混合健身

你一定聽過這個笑話:「你怎麼會知道別人在做混合健身?他會告訴你。」

所以我要說,我做混合健身。四十歲以前,我運動是為了讓自己看起來更有吸引力,提升自我感覺,因為我有身體畸形恐懼症(body dysmorphic disorder)。四十歲之後,運動是為了使頭腦清醒,也當作抗憂鬱劑和堅持活下去的動力,運動讓我感覺自己沒那麼老。

不少研究顯示,運動是唯一真正的抗老精華液。我通常是班上最老的學生,比其他人老了二十歲,這應該很酷才對,但實情並非如此。你看,他們把我當成搖滾樂手傑格(Mick Jagger)——覺得我老當益壯,真是勵志。我走進健身房,開始聽到誠摯、毫無虛假的評語:「你來健身真是太棒了!」對啦,去你的。

健身常常是場與時鐘對抗的競賽,所以當其他人開始看手機、互相擊拳、已經結束的時候,我還在努力完成跳

箱、波比跳和其他各種折磨人的動作。

然後發生了一件糟糕的事情，他們發現我還像一隻躺在地面已久、掙扎喘息的魚一樣做動作，我花了太久的時間，每隔一會兒就失敗一次，然後氣喘吁吁。

於是，他們圍著我開始鼓掌、激動地說些廢話，例如：「史考特，你辦得到！」看起來像個激勵大會，實在是太恐怖了。

好吧，反正我在紐約市健身房的教練是個名叫西恩（Sean）的小子。他二十三歲但看起來像十五歲，有一頭黑色捲髮，穿著紅色籃球褲和連帽上衣，對待自己與混合健身都非常認真。

一個月前，我上課時遲到了十分鐘，他在全班其他二十幾歲的同學面前告訴我：「下次再遲到，就別進來了。」對照我自己的遲到規範還真諷刺。

　　附註：如果你覺得我就是那種「自己做不到卻叫別人照做」的人，那就……再一次地，相信你的直覺。

　　最近我在CNBC的《Squawk Box》節目上做直播訪談，遲到了二十分鐘，結果他們只好臨時調整節目內容。但西恩不是那種人，他已經受夠了。也許這是好事。我也知道，我有時需要被提醒自己沒那麼重要，而我家正是一座不斷噴發這種提醒的火山。

常說我愛你

　　上課十分鐘後，我們在地上拉筋，我的心思開始聚焦在接下來一小時內，等著我的東西有多麼恐怖。我在星期三，也就是情人節當天，去上這堂晚上七點半的課，拉筋五分鐘後，十分嚴肅的西恩聽到手機傳來響亮的鈴聲。是

緊急事件嗎？他退到角落，靠近我拉筋的地方，這時我躺在地上，不時移動一隻手腳到對側，我知道這樣子看起來很滑稽。西恩接起電話：「嗨，爺爺，我在上班，等一下打給你好嗎？」

但爺爺不接受。他忽略西恩的請求，讓他沒辦法掛電話。接下來三分鐘內，西恩每三十秒就回答同樣六個字。「爺爺，我也愛你。」講了六次。我計時了，因為拉筋真的很無聊。

我猜想爺爺跟西恩說了什麼。他是不是在安慰西恩，因為沒有人跟西恩一起過情人節？也許他在告訴西恩，關於奶奶或他母親的事，或只是趁著情人節反覆告訴西恩他有多棒。無論如何，有一件事情很明確——他對孫子說了六次：「我愛你。」

三十年後會對誰說我愛你？

隨著年齡增長，經歷朋友和配偶開始離去，死亡變得

愈來愈近而切身相關，迫使他們拓寬視角。因為這種視角，市場討厭老人。他們開始把時間和金錢花在醫療、所愛的人和幫孫子出錢讀大學，不花在復古球鞋、iPhone或咖啡膠囊上。總之，隨著年紀增長，人們會變得更謹慎，也顯著地少做蠢事⋯⋯不再願意花錢買那些高利潤商品，那些年輕人希望能讓自己看起來更有魅力或權勢的東西。

我們在小孩身上投資了這麼多。坐在邊線看著你擔任守門員的九歲兒子，連續十一次沒能擋下敵隊射門得分，或試圖在水上樂園消化食物。回報是什麼？幾十年後，你可以打斷你孩子的孩子上班，忽略他要求等一下再打給你，然後每隔三十秒就說一次你愛他，暫停，再聽到孫子說他也愛你。重複同樣的流程⋯⋯六次。我對混合健身又愛又恨。但我覺得我喜歡西恩。

奪回情感

馬克‧格林（Mark Greene）在 Medium 上的一篇文章裡，論述男性的情感被奪走了，我們全都受到傷害。我相信他。男人小時候所受到的訓練，教我們情感若不是一種以性為目的的手段，就是同性戀的跡象。

而同性戀在我成長的時代和地方，是件壞事。因為與不受歡迎的性動機或同志情慾連在一起，我們的觸碰不被信任，多數男性的情感都被搶走了。情感從我們表達友誼、喜歡與愛的軍火庫中不見了。

無疑的，肢體接觸真的是人類溝通、連結與健康的根本。以下引用加州大學柏克萊分校心理學教授達契爾‧克特納（Dacher Keltner）的研究結果：「肢體接觸活化了腦部的眼眶額葉皮質，這個腦區與報酬及同情的感受有關，肢體接觸表達了安全與信任，帶來撫慰。」

隨著年紀漸長，我有意識地努力奪回情感，尤其在與兒子相關的時候。情感連結了我們，而我還挺確定，情感

將增強他們在生活中的信心，為我增添年歲。

看重這一刻

我最好的朋友之一李（Lee）來自義大利裔家庭。有一天，我和李及他的爸爸在一起。我記得最清楚的是他父親出現時發生的事。他走進公寓，然後親了兒子……的嘴，沒錯，他們親嘴了，而且彷彿在握手一樣自然，我之前從未見過兩個成年男子親吻。

二十年後，我的另一個義大利文化標竿《黑道家族》（The Sopranos）影集，證實了這個舉動在義大利司空見慣。我記得在最初的震驚過後，我覺得這麼做很好。

我親吻兒子，常常親吻。這個舉動本身很好，但真正的價值是我兒子對那一刻的尊重。不管他們在看電視、吵架、抱怨……實際的狀況是他們總是抱怨連篇，只要我示意親吻──傾身噘嘴，他們就會停下所有事情，抬起下巴親我的嘴……然後繼續做原本的事情。彷彿他們知道

這件事有意義,其他事晚幾秒鐘再做也沒關係。

別輕易放開牽起的手

　　我從來都不喜歡牽手,直到我有了孩子。我們為孩子所做的事:練習足球、擔心、接送,順路接送他的朋友、看爛電影、設定遙控器、努力給他們比自己更好的生活。這些事情個別看來都沒問題。

　　可以忍受,但沒有小孩的人絕不會做這些事。你看過

《表情符號電影》(*The Emoji Movie*)嗎？不過，以上各個部分加起來，代表一項本能，而你已經發揮，可以在上面打勾。這使你感覺正在實現更遠大的目標：演化。

除了牽你孩子的手，很少有其他事情，可以如此濃縮這份報酬並提煉為單一行動。每個小孩的手都能剛好容納在父母的手中。這種時刻讓你感覺到，如果你突然死了，這很糟糕，但遠比不上你沒有在世上留下目標與成就那麼悲慘。你是一位母親或父親，而你的小孩正牽著你的手。

我的大兒子愈來愈少牽我的手了，他現在十歲，正在感受獨立。至少他沒有抓狂大叫：「住手！」就像我今晚在足球場上，聽到一個十四歲女孩那樣喊道，她的媽媽犯了「抓住青春期女兒的手」這項違反人道的罪。我猜，那個女孩之後會感到內疚。

只要我們走在外面，我的小兒子史蒂芬還會直覺性地抓住我的手，真是神奇。他在家是個野人，我們都怕他。但到了野外，他就有點膽怯，想要藉著觸碰他知道會保護自己的人來獲得安全感。他會先抓住媽媽的手，我是第二

名……沒關係,我真的不介意。

我在六歲、七歲時開始注意到我父母的個性。父母就像消費者品牌,我們小時候只記得他們的兩、三個關鍵特徵,忽略了其他細微的部分,直到你長大才能領會,明白人是複雜的。我媽聰明、愛我又明快俐落。我爸在家緊繃又安靜,但是在陌生人面前超有魅力又外向。

我們很難猜測小孩長大後,對你的記憶會是什麼。我繼承了父親部分的憤怒與緊繃,讓我們家氣氛沒那麼輕鬆。但我努力確保我和小孩之間的連結包括他們「總是親吻我們,總是向我們伸手。」

如果看起來像資深影星畢・雷諾斯(Burt Reynolds)的男人,都可以親吻其他男人,那我也可以,我正在奪回情感。

難免會搞砸

我們已經閱讀文字數百年,聽聞話語數千年,並從影

像中了解事物數百萬年了。我們這物種非常善於處理影像。我們理解及吸收影像的速度，比文字快上五十倍，因為視覺練習的機會多出許多。就像音樂在接近二十歲時，深深嵌入我們的存在中，童年早期接觸的影像也固定在我們大腦的灰質中。

我七歲時，家在尼古湖靠近海灘的地方。那時我爸會提早回家，我們一起去人體衝浪、看離岸的海豹及鼠海豚。風暴來襲時，我們在早上前往新港灘（Newport Beach）。我們從長堤底端望向幾百英尺外，當數百萬加侖的海水飛速湧向岸邊，變形為約2.5公尺、或許3公尺高的灰藍色半圓水牆，就互相示警，等待這從海底升起的

海水猛力推起、崩落時，感受整個碼頭的震動。

春天的滿月及新月開始的連續四晚，我媽會在半夜叫醒我，我們帶上手電筒，走下海灘，觀賞彷彿發燙金屬片的東西，在淺浪中舞動——那是小銀魚（grunion）迴游的季節。

我的記憶不只是《玩酷世代》（The O.C.）的片頭畫面。我還記得在電視上看到一個瘦瘦的傢伙戴著滑雪面罩，在旅館陽台上干擾馬克‧史畢茲（Mark Spitz）和奧加‧科布特（Olga Korbut）的比賽表現。這個景象一直在我腦海中，唯一的原因是每當這個傢伙出現在螢幕上，我父母就站在電視前，看來明顯不自在。

父親出差時，我和媽媽會去橘郡機場（Orange County Airport）送他。那裡給人的感覺不只是機場，更像一家餐廳，人們乘著民航機進到後方。機場二樓有一家酒吧和環繞式陽台，可以從街上走樓梯抵達，不必通過安檢。我爸帶我到陽台上，在航空引擎發出巨大聲響，預期飛行員就要鬆開剎車時蓋住我的耳朵。它們展開 5,700 英尺的大改

造,從擱淺的海豹變成翱翔的老鷹。

他教我727和DC-9客機之間的差異,一個是三噴射引擎,另一個是雙噴射引擎;還有DC-10和L-1011之間的差異,看第三個噴射引擎的位置,是機身的一部分或在尾翼的中間。這間餐廳的後院,被兩個品牌占領──加州航空和太平洋西南航空。太平洋西南航空的機頭上畫有一抹微笑,透過大面窗戶對著我們咧嘴笑。

我的父母活出了美國夢。兩個教育程度為八年級的移民,貢獻才華與努力給史上最強大的正向力量──「美國經濟」。我們一家本來住得離海灘很近,但他們搞砸了,主要是我爸,所以很快地,我們分住到兩間房子,都離海灘不近。

離婚以後,我爸隔週週五下班後開著他的Gran Torino老爺車,到位在恩西諾(Encino)、800平方英尺大的公寓來接我。我必須在外面,離公寓很遠的地方等,有時候等上一個小時。因為我媽想降低見到我爸的風險,甚至不願見到他的車,沒錯,她恨他。我愈來愈熟練於隔著一段距

離，透過形狀和車燈的亮度來辨認他的車。美國汽車公司（AMC）的 Pacer 是最好認的。

現在，每當我聽到空中的聲音，都還是會抬起頭，而且通常可以辨認出天上的飛機和航空公司。

最近，有個週末在南海灘（South Beach），我朋友假裝很佩服我能區分出漢莎航空飛往慕尼黑和法國航空前往巴黎的雙層空中巴士 A380。注視著天空並辨識班機的目的地是我的本能——抬頭，認出來，想著我們還是一家人、住在海邊的時光。

10
人生最後的成績單

　　溝通學教授柯里・佛洛德（Kory Floyd）提出親密交流理論，他主張親密的表達能強化人際關係、帶來資源的交換，並傳達你作為潛在父母的價值，進而擴大你的擇偶範圍。但我認為，這背後其實更深層。我認識很多人，儘管他們條件不錯、生活看似順利，卻像是在漂泊。他們缺乏深刻的人際連結，對工作找不到成就感，對自己過於苛責。彷彿他們從未真正感受到自身的價值，也無法穩穩落地⋯⋯只是在人生裡不斷遊走。

　　當我檢視自己的成功，發現主要可以歸結到兩個因

素：生在美國、身邊有個人以非理性的熱情關切我的福祉，那個人就是我媽。儘管我媽在缺乏情感的家庭長大，她卻克制不住對自己兒子的情感。

對我來說，讓我不再只是「希望」有人認為我很好、值得被愛，而是「確信」真的有人這麼想，這其中的差異就是親密的情感。

每個星期三晚上結束男童軍活動後，我和我媽會在庫佛城（Culver City）塞普爾維達大道上的 Junior's Deli 餐廳吃晚餐。我點牛肉三明治，她點燻鮭魚、蛋和洋蔥口味。我們聊著自己這一週過得如何，我們在週間不常見到彼此，只是會一直因為不同的服務生跑來說「我長大好多」，而被打斷。

離開餐廳時，我們會順道去麵包店，買四分之一磅的芝麻糖。站在停車場等代客泊車把我們那台萊姆綠的 Opel Manta 開來時，媽媽會牽起我的手，誇張地來回擺動。她會看著我，而我則回以一個白眼，這時她總會忍不住大笑起來，笑得開心又放肆。她真的，非常愛我。

生命中有個好人表達出你有多麼美好，可以徹底改變一切。大學、專業成就、優秀的伴侶，對一個出身中下階層家庭、平凡無奇的孩子來說，這些並不是理所當然的結果，而是遙遠的目標。

我媽媽當時四十三歲、單身、工作是祕書，年薪15,000美元。她也是個好人，讓我感覺與她連結，而且在等待我們的 Opel 車時給我信心，讓我相信自己有價值，有能力做到也值得擁有這些事物。牽著手、一起大笑的那一刻，我感覺自己被穩穩地繫住了。

家的意義

在資本主義社會裡，我們用購物標示生活。第一項重大消費是戴比爾斯（De Beers）訂婚戒，他們說服年輕人大量超支在這枚戒指上，因為它可以「保值」，而且基本上符合一種奇怪的概念：我們用一個反映男子氣概的物品，來標示自己的財產，也就是我們的經濟成就有多高。

第二項重大消費是：家。全國房地產經紀人協會巧妙地塑造了美國夢等於住宅自有的觀念。你可以去問問 2007 年買房子的人，他的「美夢」成真了沒有。

耶魯大學經濟學家、諾貝爾獎得主羅伯‧席勒（Robert Shiller）曾提到，如果把維護房屋的成本也計入，投資房地產其實沒有比其他資產類別好多少。不過，我們還是將買下「第一個家」，視為朝成年邁進的跡象，也是一種強迫儲蓄。美國政府也支持這套說法，於是推出房貸利息可以在納稅時扣除的政策。

房貸利息扣除額是美國成本最高的減稅措施之一。另

一項是什麼呢？資本利得稅比一般所得稅低。這兩項政策經常被包裝為「美國精神」的體現：擁有房產與參與投資。然而，本質上它們只是將財富從窮人轉移到富人手中的機制。誰擁有房子和股票？有錢的老年人。誰在租房、沒有能享有資本利得稅優惠的資產？年輕人與窮人。

比較適合代表你人生的不是第一個家，而是「最後一個家」。你嚥下最後一口氣的地點比較有意義，那反映了你的成就，以及更重要的，在乎你的人數。朝終點走去時，你已不太能再創造很多價值，照顧你的人若非格外慷慨，就是在回報你付出的愛與支持。

我媽媽的最後一個家位在拉斯維加斯的銀髮族社區。她搬家時，我叫她丟掉舊家具，我們用高級家居用品連鎖店 Pottery Barn 的家具布置她的新家，我在九〇年代曾為威廉斯索諾馬提供網路策略的顧問服務，所以他們的行銷長康諾利（Pat Connolly）幫我打折。讓我媽媽開心的，不是能擁有俱樂部沙發椅和雪尼爾毛絨枕，而是兒子為她買那些東西。

10 人生最後的成績單　　169

我媽媽重病、動過幾次手術後，醫院將她移入長期照護機構。我走進那間機構，裡面尿味很重，走廊裡有人坐在輪椅上睡覺。我走進我媽的房間，她和另一位女士住同一間房。她的室友臥病在床，面前15公分處裝著一台掛在金屬支架上的電視，螢幕一閃一閃地亮著。她看著我，問電視會不會太吵。

　　我媽媽坐在床邊，筆直地坐著，等著我來。她看著我說：「我不想待在這裡。」什麼發揮重要性、半個網紅、錢、奢華的生活，全都虛假得該死……而我41公斤重的媽媽，被困在這散發著尿味的地方。

　　眼前的景像告訴我一件事：我失敗了。

　　我幫媽媽打包，告訴護理師我要帶她回家。他們說那「違反醫囑」，若有必要會呼叫保全人員。我走到外面告訴載我到那裡的司機，我要用輪椅把我媽推出來，我們必須馬上讓她上車離開。我再次進入那間機構，找到一台輪椅，讓我媽坐上去，把包包放到她腿上，然後往外走去。我們經過護理師的桌子時，他們冷靜地看著我們，一位高

大的保全人員，擋在我和我媽及出口的拉門中間。他什麼也沒說，只站在那兒。

如果我叫他滾開，或是用像男星摩根・費里曼（Morgan Freeman）一樣的聲音宣布：「我要帶我的母親回家。」這個故事會更精彩。但真實的情況是，我僵硬地站著，雙手抓著輪椅推把，她穿著病人袍，抱著自己的行李袋。我們都站在那兒，過了可能十秒鐘，但感覺像是十分鐘。我想他是對我們感到同情。他低下頭，轉身離開，我們也隨即離去。七週後，媽媽在家中離世。

我爸和他的妻子最近搬進新家，那很可能將是他們最後的家，因為他們都八十八歲了。我和我的姊妹，我爸妻子的小孩，一同合作減輕他們搬家的負擔，確保他們住得舒適。

我爸告訴我，這將是他第一次可以真正放鬆，因為不需要照料花園或維護房子。那是個很棒的地方，位在大學城內，平常舉辦電影之夜，有隨時待命的醫療人員，還有個他可以游泳的泳池，我們正為他安排一位教練，好讓他

終身維持健身習慣。

你的第一間房顯示出某種意義，你的未來與可能性。你的最後一個家顯示出深遠的意義，也就是愛你的人。

如何面對親人生命的盡頭

我在一場由網路巨頭主持的研討會上演講過後，隔天在 LinkedIn 收到四則訊息：有三個人讚美我的演說，想和我取得聯繫，而另一則訊息讓我緊張不安。一位二十六歲的陌生人向我尋求建議。我把那則訊息收錄如下，為了匿名，我更動了對方的名字和一些細節。

主旨：請問人生建議

嗨，蓋洛威教授：
　　我之所以和你聯繫，是因為我信任你的看法，希望能得到你的建議。

我現在二十六歲,在 X 地區一家消費性產品公司從事數位行銷工作。這是個很好的機會,可以和充滿熱忱的團隊合作,處理大量數據,解決不常見的創意問題並協助產品研發。

　　我爸爸在一月診斷出胰臟癌末期,我決定搬回家和爸媽一起住。我計畫繼續工作⋯⋯但一直很猶豫,覺得這不值得,在這個時期多賺的錢不如整天和家人在一起有價值。但我還是擔心現在停止學習,將阻礙長期職涯發展。

　　我真希望我爸爸可以用清楚的頭腦,從公正的立場幫我回答這個問題。期待聽一聽你對這件事的看法,我會視為第二重要的意見!

親愛的 X:

　　很遺憾得知你爸爸的狀況。首先聲明,關於如何提供慰藉給病中的父母,我沒有任何相關正式資格,或可以佐證的實證資料。這些決定非常

個人。我能告訴你的是，我在我媽媽生病時怎麼做，以及我學到了什麼。然而，很重要的是我必須指出，我當時處在職涯的另一個階段。

我那時三十九歲，已經建立了一些專業聲望並有某種程度的財務保障，二十六歲的你很可能還沒有這些。這類事情沒有使用說明書。很大一部分取決於你和父母的關係、你擁有的後勤補給與資源。以下分享我個人的經驗：

我媽媽被診斷出轉移性胃癌時，醫生告訴她只剩下三個月的壽命。她問我能不能協助她在家裡離世，我同意了。我搬去和她一起住在內華達州沙漠林的退休社區，好讓我們有時間共處，並讓她比較有尊嚴地離去。她於七個月後在家裡過世。你在哪裡過世，以及在生命盡頭有誰圍繞在你身旁，能有力說明你這一生成功或失敗。

心得：我相信家裡漂不漂亮並不重要，但你

應該不會想要在強光下、被一群陌生人圍繞著，以這種方式離開。雖然這並非許多人的選項，但如果你在家中、在愛你的人圍繞之下過世，你就成功了。這表示你這輩子經營了有意義的關係且待人寬厚。

我媽媽教育程度不高，離過婚，過去擔任祕書。她安心地在家裡，在深愛她的人圍繞下嚥下最後一口氣。如果你和家人可以安排父親在家中離世，這是對他的愛與善意。

心得：關懷照顧者。我媽媽的四個姊妹和最好的朋友分別和我們一起住了三、四個星期，幫忙照顧她。這非常重要，因為有些事情我無法幫忙。我能有所貢獻的一個方式是讓她們住得更愉快。我的一位阿姨很愛聊天——我不愛。我靠說話維生，但我在家時只想聽到小孩和妻子的聲音，自己不多話。不過，我當時會熬夜陪她聊幾

個小時,毫無內容。

另一位阿姨喜歡飲酒賭博。我帶她去沙漠林一家糟糕的賭場,給她 100 美元,在她喝白色俄羅斯調酒時,一起坐在 25 美分的輪盤賭桌邊。她總是喝醉,然後開始和每一位不幸帶著 25 美分硬幣來到我們這桌的傢伙調情。有一次,她摘掉一個傢伙的牛仔帽,蓋在他的胯部,大叫:「牛仔完蛋了!」我根本不知道那是什麼意思。有幾次我真想當場死掉算了。但我那愛賭輪盤和喝白色俄羅斯的阿姨,每天早上幫我媽媽洗澡,而我因此非常愛她。

我媽最好的朋友卡森(Karsen)嚴重酗酒。她也對止痛藥上癮。我媽媽過世後三年,她成為每年死於鴉片類藥物那四萬人當中的一人。我當時會帶約翰走路藍牌蘇格蘭威士忌給她,她通常喝紅牌。我們幾乎每天晚上都一起吃冷凍捲餅配威士忌。卡森只希望在我媽睡著後,能有人陪她

喝一杯。

帶你媽媽去看場電影、出去吃午餐、一起散步。你媽媽眼前還有一段艱難的路要走，因為將來得擔任你爸爸的首要照顧者。

心得：保持界限。你爸爸在世上剩下的日子很重要，但你的餘生也很重要。你必須擁有自己的人生。我母親生病時，我每個星期四跑去紐約市或邁阿密，維繫友誼和工作。你的成就顯示父母為你創造了良好的環境來養育你。

創造這種環境的關鍵在於財務保障，以你現在的年紀，你需要職業上的衝勁才能打造財務保障。我猜你爸爸很感激你調整自己的生活，但不會希望你徹底改變職涯或工作停擺。

你將來很可能會有自己的小孩，也就是你父母的孫子或孫女，他們也需要一個能供應他們所需，並覺得自己事業有成的媽媽。只有你能決定

這之間的平衡。

病人的壽命常比預期更長。醫生原本預測我媽媽剩下三個月的壽命，但她後來活了七個月。很不幸地，我在一個星期日飛回去時，她已在30分鐘前過世。我真希望我當時在場，但我不會因此就改變原來的方式。

如果我沒辦法過上像樣的生活，我沒辦法那麼和顏悅色，何況我本來不是那麼和顏悅色的人，這會嚴重影響氣氛。我在那些暫離的週末裡認識了一個人，我們兩年後有了個兒子，然後又再生了一個。如果我沒有顧及自己的生活、需求和幸福，我媽媽可能就沒有孫子了。她會很開心我擁有一個長得像她、中間名是希維亞（Sylvia）的兒子。

心得：共享媒體。我和我媽媽都愛看電視，我一起看了超多電視。真的很棒。《歡

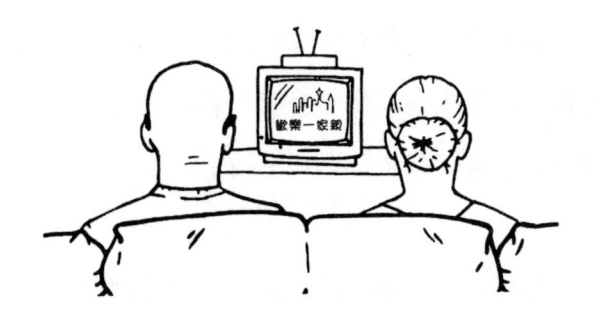

樂一家親》、《危險邊緣》、《大家都愛雷蒙》（Everybody Loves Raymond）、《六人行》（Friends）。你爸爸喜歡看什麼？如果他喜歡閱讀，就唸給他聽；他喜歡音樂，就一起聽音樂。一起看他最愛的電影。

心得：讓他重新活一次。對我們來說，一起看照片和請我媽分享她童年和成年後的故事非常有益。盡可能促成這件事。

心得：不要有話沒說出口。對你父親說再多

次「我愛你」或你有多麼欽佩他都不為過。我以前在沙發上坐在我媽媽身旁,我握著她的手,邊流淚邊告訴她我多難過她生病了。

心得:人能讓你感到驚奇,也能讓你失望。我媽媽有幾位好友從未探視她,甚至不常打電話。好像他們擔心被傳染癌症一樣。我不認為他們是壞人──只是他們用不同的方式面對。

反之,她最後一位老闆,是一個比她年輕二十歲、有家庭的成功人士。但他每四週就搭飛機來探望我媽媽,當我媽每隔十五分鐘就會嘔吐一次的時候,他會坐在我媽的床邊,陪她說話一小時,才會再搭飛機離開。他的名字叫鮑伯・波寇維茲(Bob Perkowitz),他不只成功,還是個善良的人。

心得:那是病在說話。雖然我媽媽在整個過

程中展現了難得的樂觀與堅強,但臨終時變得不講理、甚至刻薄,是很常見的事。那不是她的本意,而是疾病在作祟。如果你做得到,盡量不要放在心上。

身為兩個孩子的父親,我可以在某種程度上理解你爸爸。我經常思考臨終這件事,讓自己現在能做出更好的選擇。我相信父母在最後有兩個希望:

一、知道家人深深愛著自己。

二、明白他們的愛與養育,能帶給孩子創造價值並過上有意義生活所需的技能與自信。

你的訊息及 LinkedIn 個人檔案證實了你父親已辦到這兩件事。對他來說,有個如此優秀的女兒,一定帶來極大的安慰。

致上溫暖的問候

史考特

11
成為他人生命的光

50％的婚姻以離婚告終。我在加州長大，那裡的離婚率是 60％。我長大的過程中，周遭有許多繼母和繼父。我最好的朋友亞當（Adam）的母親離婚後，和一位英俊又安靜、名叫保羅（Paul）的法學院學生住在一起，他通常只在我該離開時才開口說話。

他是我記憶中最早覺得很酷的男人之一。他戴著超酷的太陽眼鏡，隨著事業發展，開過1980、90年代和2000年代最帥的車：Datsun 260Z、保時捷911，還有一台法拉利（型號我忘了）。對亞當和他妹妹來說，他是一個穩重

而有存在感的男性榜樣,而他們跟我一樣,只在隔週週末才能見到親生父親。

我在佛羅里達州的一個朋友吉米(Jimmy)是一位繼父,他本來擔任飛行員,載著有錢人在加勒比海區域飛行,和他們一起狂歡,他放棄原本的生活,換來一個現成家庭:妻子和兩個已上學的女兒。他愛誇耀自己如何靠著讓大女兒迷上《狡猾黑鮪殊死戰》(Wicked Tuna)節目,和她建立起連結,而且他談起兩個女孩時,彷彿她們是自己的女兒⋯⋯她們確實是。

我媽和我爸分手後,我有了自己的繼母琳達(Linda,「三號」)。我爸結過四次婚,我媽(二號)稱呼琳達為「那個婊子」,因為二號和三號的時間有些重疊。我不認為我媽媽和琳達曾同時共處一室,從來沒有。

我媽也拒絕和我爸共處一室,直到他們離婚二十年後、在我商學院的畢業典禮上。按照劇本設定,我應該不喜歡,甚至痛恨我的繼母琳達。但有個問題:琳達是個好人,也對我很好。她在二十多歲時得知自己無法生小孩,

所以當她面前出現一個彬彬有禮的八歲小孩,他掉了兩顆門牙、穿著燈芯絨褲和太平洋服飾(Ocean Pacific)的襯衫,她馬上愛上了他。

琳達是第一個寵溺我的人。她為我烘焙,這在我家十分陌生,因為我媽要上班而且廚藝不精。琳達烘烤美味的七葉樹餅乾,就是裹著黑巧克力的花生醬。當我有一個月見不到琳達和我爸,她會烤一些七葉樹餅乾,用鋁箔紙將餅乾一個個包起來,然後寄給我。

有個星期五,她宣布要帶我去玩具反斗城,我可以買任何想要的東西。我們走過商品架間的通道時,她從我的視線注意到,我盯著遙控飛機看。她讓我停下來,問我想要哪一架。

我不好意思說,因為在我家,花錢是種罪行,而那些飛機要價 30 美元。不管了。只要我想要 P51 模型飛機,她就會買給我,然後我和父親跑到停車場,花好幾個小時也沒辦法讓它飛離地面。

不久之後,她發現之前醫生錯了,她懷孕了。我去醫

院探視同父異母的妹妹時，琳達送我一份禮物：一套睡衣，上面印著一隻低垂耳朵的獵犬，底下寫著「我是特別的」。她肚子裡像壓著一台卡車，妹妹就快要出生了，但琳達仍然特地準備了這套睡衣，只為了讓我知道，她依然愛我。有些人……天生就那麼美好。

多數哺乳類動物，願意為了捍衛後代犧牲生命。我們之所以為人，不只因為我們的拇指與其他手指相對，還因為我們有合作的能力。就像語言、文化和漫長的童年一樣，合作突顯出人類獨特之處。促進物種發展的一種最高尚的合作形式，就是關照與你沒有血緣關係的人。

我常常不愛和我的小孩在一起，多數時候不愛和其他人的後代在一起。人類願意去愛那些聞起來、看起來或感覺不像自己的小孩，真是個奇蹟。死亡、疾病和離婚導致許多小孩在單親家庭長大，他們的勝算顯著較低。

讓世界變得更好的最快速路徑，並非經濟成長或一支更好的、該死的手機，而是更多人能以非理性的熱忱，關切一個不屬於自己的小孩是否幸福。眾多的保羅、吉米和

琳達，陪伴在旁、一起烘培、看難看的電視節目、買飛不起來的飛機，讓我們更有人性。我的媽媽已經離世，但今年我家將邀請琳達，那位很難與邪惡沾上邊的繼母一起過感恩節。

意識到自己的幸運

我最近常常思考關於愛滋病的事。我希望我們永遠不會再見到，這麼慘烈的疫情。2017 年，有一百萬人的死因與愛滋相關，此疫情開始以來，已導致三千六百萬人死亡。總之，愛滋病毒已經殺死相當於加拿大人口的人數。

就像我們把戰爭交給那些對國家懷有責任感的年輕人（而非那些人數愈來愈多、覺得國家欠他們的人），我們也把對抗愛滋的痛苦與努力外包、切割成他人的責任。我們當初把它標籤為「同性戀疾病」，將受害者視為不負責任的人。我相信美國在這場危機中最初的反應，將成為這個國家歷史的一道汙點。

我記得我 1985 年坐在兄弟會的餐廳讀一篇《洛杉磯時報》(*L.A. Times*) 的文章，關於科學家正在研發愛滋疫苗。意思是這個我們都沒接觸過、叫做愛滋病的抽象東西已經結束了。但實情不是這樣，而且我們都曾認識幾位感染愛滋病毒，且最終死於愛滋病相關疾病的人。

那是無敵的病毒：透過性行為傳播。對我們這些十八歲男孩來說，性是我們腦海中無時無刻的念頭與謀劃。理論上，我們是這場病毒的傳播者與戰士。我們只能自我安慰地相信，愛滋病是「只有同性戀才會得的病」。而我們身邊沒有人是同性戀。

但事實上，我們認識一些同性戀者。我們之中就有幾個。只是我們這些異性戀朋友大多渾然不覺。任何你喜歡、看起來「正常」的人，就不可能是同性戀，因為「同性戀」被視為某種怪異的變態。肯定不會是我們身邊的人。

同性戀在1980年代的 UCLA 不可能公開出櫃。不管你多勇敢、多接受真實的自己都沒用。同性戀被視為不自

然的存在。我們是UCLA的年輕男女，生活如明信片般自然健康，而沒有人容得下誰來撕碎那張明信片。

但時代慢慢轉變，同性戀變得可以容忍了。不是接受，而是容忍。有幾個朋友在畢業後讓別人知道他們是同性戀。愛滋病是他們揮之不去的陰影，總是陰魂不散、伺機而動、突然侵襲。

愛滋病是所有人揮之不去的陰影，因為幾年前供血庫遭到汙染，而且有證據顯示愛滋病不只是「同性戀的疾病」。全國一萬五千萬位血友病患者中，有大約一半遭到感染。異性戀者也可能感染愛滋病。進行無防護性行為代表你會經歷幾天的焦慮，進而百分之百確定感染病毒。

我聽過丹尼爾・康納曼（Daniel Kahneman）的「快思慢想」概念。我們的快捷思考具有實用性，但不夠細緻。我們在緩慢的思考中學習成長；慢想提供了訊息給快思⋯⋯我想是這樣。

大學時期是快思在作用。同性戀是「玻璃、同志」等帶有歧視的用語，用來形容虛弱又超過我們理解的現象。

大學畢業後的十年，慢想開始運作，因為我們發現所愛的人是同志。他們有和我們相似的希冀與問題，只是他們被一場瘟疫籠罩，朋友性命垂危。

我賣掉第一家電商公司「Aardvark」之後，和當時的妻子從波特雷羅山（Potrero Hill）有兩間臥室的房子搬到諾谷（Noe Valley）有五房的房子。

那棟房子就在祖克柏現在住所的隔壁。我很氣自己賣掉了那棟房子，因為它現在可能價值 1,000 萬美元以上；如果可以穿著全套 Fila 運動服，坐在門廊對祖克柏大喊：「被普丁利用的感覺如何？」我會無比開心。我離題了。

當時，我們跑去卡斯楚區（Castro）買家具填滿那五個房間，那裡除了販售很多家具，也是舊金山著名的同志區。我們走在路上，看見到處都是幽魂。許多目測三十歲、四十歲上下的男人瘦得可憐，身上布滿瘡瘍。有些三十幾歲的男人看起來像八十歲，正向死亡飛馳。

我們喜歡想像在死前的時光，可以回想充滿福氣的漫長一生。這段時間讓你意識到過去付出與收穫的愛，但那

些年輕男孩的人生太早就被病毒奪走，身體一點一滴地被侵蝕。而他們所面對的社會，卻選擇否認他們是受害者。不久之前，我們的總統雷根，在白宮八年任期裡從未說過「愛滋病」這個詞。

以下是我們一些染上愛滋病毒的 UCLA 朋友：

- 比爾·艾倫斯：蘭姆達·馳（Lambda Chi）兄弟會成員。他是個安靜又英俊的小子，我們後來發現他是血友病患者。
- 羅恩·巴哈姆：我們 UCLA 的兄弟會朋友。黑人富家子弟，擁有電影明星般的聲音。
- 派特·威廉斯：我在 UCLA 的大一室友，來自維塞利亞（Visalia）。派特在農場長大，到 UCLA 讀戲劇。他總是在嚼菸草，老是向我借（偷）衣服，我覺得沒關係，因為我們倆都從另一位室友蓋瑞那裡借（偷）衣服。
- 湯姆·貝利：我最好的朋友吉姆的伴侶。來自亞特

蘭大的英俊傢伙,在一家廣告代理商擔任創意總監,吉姆和他非常恩愛。

比爾‧艾倫斯是第一位去世的。他因為血友病,需要使用由捐血製成的凝血因子,而正是這項原本讓他擺脫血液疾病束縛的治療,讓他感染了愛滋病毒。

羅恩成為創新藝人經紀公司(CAA)的藝人經紀人,在三十歲升為迪士尼電視台的主管。畢業後十年,我在一個朋友的婚禮上見到羅恩,當時他的病毒感染顯然已變成全面愛滋發病。幾個月後,羅恩打電話給幾位他覺得需要道歉、和解的人,然後把二十多顆安眠藥攪進一杯伏特加裡,一口喝下。羅恩死時三十三歲。

派特掙扎於他的性向,曾參加宗教團體舉辦的再教育營,那些團體認為同性戀是學習而來,所以可以被矯正。我們和派特應該要像大學時那樣繼續當好朋友,但他就這樣漸漸消失。我們這群好友當中有一位是成功牙醫,他曾幫派特補牙,當時他的狀況很糟。

派特說他得了嚴重的萊姆病。他在痛苦中掙扎，卻始終不願相信我們的友誼，也不願接受我們的關心與愛，因為他早已在UCLA看透了人情冷暖。

我在大約十年前聽說派特已經過世，但我們之中沒有人確切知道他什麼時候、在哪裡去世。我很羞愧自己沒有去尋找過他的去向，告訴他我認為他有多麼令人欽佩，包含他創意十足，精力無限，還有我常想到他。派特，我很抱歉。

科學的手溫暖地接住了湯姆・貝利，他已經接受了二十年的抗反轉錄病毒療法。湯姆除了擁有成功的廣告事業，也開了一家室內單車健身房，在裡面擔任講師。他是我大兒子的教父。不過是個很糟的教父，但他現在很健康，已經和我最好的朋友結婚了。那就夠了。

天堂存在嗎？

上週，七歲的兒子問我：「什麼是天堂？」我還沒準

備好帶七歲小孩認識我的無神論,所以我問他,他覺得天堂是什麼。他回答:「死後去和家人待在一起的地方。」

我百分之百確定上帝不存在,也認為「有一個超級存在」這種概念並不合理。在我心智成熟之後,我也明白我對宇宙的解釋——本來什麼都沒有,然後宇宙爆炸——其實也沒有多理性。

我年輕時總在抓取、總在尋找。想要更多錢、更多讚揚、更有重要性、變得更強大、擁有更酷的經驗。但就好像安・萊斯（Anne Rice）小說中的吸血鬼,享有性愛卻永遠無法達到高潮,就是永遠都不夠。在有小孩之前,我的人生等於「更多……該死的,我想要更多」。我曾感到滿足的唯一時刻,就是和家人在一起。

最近,我的小兒子有睡眠困難,所以我會陪他冥想,做一套伸展和清空思緒的練習。他大概察覺這可以用來拖延上床時間,於是只要我在家,他都會說:「幫我清空腦袋。」

我們一起做完那一系列動作後,我會用食指輕輕從他

額頭滑下，經過鼻尖、嘴唇、下巴，最後停在喉結。他漸漸進入夢鄉。隔天醒來，他發現我還在身邊，翻個身，把一隻手臂、一條腿搭在我身上，再次安然入睡。在那一刻，一切都說得通了：我和我的家人在一起，守護著他們，感覺自己堅強、永恆、不朽。

我的孩子，用一種和現代物質世界毫無關聯的方式來衡量我的價值，他選擇了我。我與家人在一起，被愛著，內心安寧。我就在天堂。

我不相信死後會有另一個世界，但我相信天堂是我們活著時就可以抵達的地方。當我走到生命盡頭，我希望我太太與兒子們躺在我身邊，為我清空思緒，用手指輕輕劃過我的額頭，伸出手腳緊緊抱住我。這樣就足夠了⋯⋯我什麼都不再需要。我將提早抵達天堂。

12
關於教養的一些體悟

我最近參加了二十年來第一次的校友返校節。地點是柏克萊，那裡是我攻讀MBA的地方。這所校園本身就令人驚嘆，今年要畢業的低收入家庭學生人數，將超過整個常春藤聯盟的總和。他們邀請我去演講，並提議我和兩個兒子在迎戰亞利桑那大學野貓隊的比賽開始前，一起走上球場。

返校活動的起源可以追溯到密蘇里大學，當時校方認為邀請校友回母校聚會會是個不錯的主意。返校比賽通常安排在校隊結束最長的客場征戰之後，而對手也往往刻意

挑選實力較弱的隊伍，讓校友們透過最「美式」的方式重新燃起對母校的驕傲——狠狠擊潰對手。

我對造訪舊金山和柏克萊的感覺很複雜。我不只過著不同的生活，妻子也換人了⋯⋯所以這段回憶總帶著一絲苦澀，甚至摻雜些許罪惡感。此外，當我走在街頭，看見辦公大樓前許多嚴重精神疾病的遊民，而大樓裡的年輕創業者正努力讓自家公司市值直逼歐洲小國，聲稱要用SaaS軟體或自駕車「讓世界變得更好」，這一切在我眼裡，簡直就是反烏托邦的寫照。我也說不上自己有什麼道德優勢，畢竟我過去曾是那群人之一，現在其實也還是。#偽君子

我的好友喬治鼓勵我去參加。他點出「花時間記住與拜訪一路上遇到的人和地方」有多重要，我覺得很有詩意。這股情緒暫時壓過了我憤世嫉俗的觀點，我的這種看法形成於高中，覺得參加校友返校的人已經過了人生巔峰，在那之後就沒有多大的成就。

每一趟啟程都是為了回家

不過,我生命中動力愈來愈強的一件事,卻是回家。就像帝國戰機從死星深處疾射而出,在牽引光束暫停的瞬間衝出宇宙,我帶著堅定與自信踏上每一次出差。我正在「出任務」。

我在過去七天為新書巡迴宣傳,停留了波士頓、西雅圖、舊金山、洛杉磯、本頓維和達拉斯。但每次出差的後半,牽引光束就打開了。我身在非常遙遠的星系,還有很多事要做,幾乎沒有注意到那光束。但我愈接近,那道光束的拉力就愈來愈強,彷彿我正飛回家。

我不認為,那股拉力在過去曾達到現在的強度。我的小孩如此年幼得使他們看似完美,又沒有年長到可以明白你的不完美之處,這創造出一種純真與喜樂,我相信除非等到我有孫子,否則不可能再次體驗這種感覺。

有幸和一個很棒的伴侶在一起,和你共享這種喜樂,是最重大的成就。我的學生花很多時間思考,該怎麼選擇

對的職業。然而,這個決定的重要性排名第二,遠遠不及所有重要決定當中的第一名,而那個決定可以為你的餘生定調──選擇對的伴侶。

我過去不這麼認為,直到我有了小孩。大兒子出生時,我在 L2 公司時不分晝夜地工作,往往長途跋涉,走過三個街區回家幫他洗澡,再回去上班。轉進我們家那個街區時,我的步伐明顯加大。在見到你期待見到的人前一刻,那瞬間釋放的多巴胺,是讓人保持年輕的少數情感之一。

它聚焦在你比較好的那一面,那個自我關心他人,迫不及待地想出現在另一個靈魂面前,當你們在一起,你們分別是比較好的自己,整體大於部分的總和。你的家人、朋友、伴侶和同事——人類之所以興盛發展,就是因為互相合作與照顧,於是在即將見到所愛的人時,中腦都賜予我們一股穩健的幸福感。

我坐在第二十三排中央的座位,用單手打字,因為旁邊的傢伙身形比座位還寬(其實是正常體型)。嘴裡嚼著難吃的餅乾,但我心裡滿是喜悅。我身在牽引光束中……就要回家。

關於偏心

商學院裡有個熱門主題,叫做市場區隔,也就是將一個龐大而同質的市場,劃分為具有相似需求或欲望的族群。再針對這些特定區隔設計對應的產品、定價策略與品牌形象,以滿足他們的偏好。

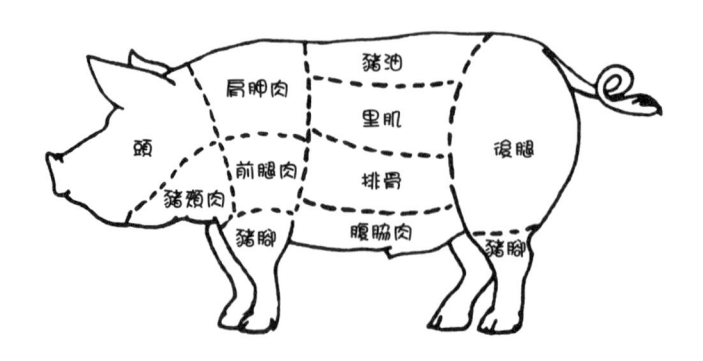

随着市场发展，经理人必须搞清楚，该如何划分猪只身上的部位，并依据不同的理由，以高低不等的价钱卖给不同的人，以获取剩余价值。

产品或服务的差异化（无论是真实存在还是感知上的差异）其实都是价格歧视的一种形式，能帮助企业最大化营收，同时让某些消费者（例如提前21天订票且不能取消的人）有机会用低于成本的价格购买商品。

市场区隔已变得愈来愈灵巧和荒谬。那个位置不是紧急逃生口座位，而是「舒适经济舱」，要多付29美元。靠近前面的经济舱将让你多掏40美元出来，还可拥有提高

「至多」10公分的座位斜度；你也可以花79美元，將旅館房間從「加大床雙人房」升級到「高級加大床雙人房」，包含一張雙人椅和桌子。

我們會在孩子之間區分出「最喜歡的」。我知道，這聽起來很糟糕。但人類天性如此，我們會下意識地進行排序，這有助於任何有意識的個體，或一位管理者，達成更高的成效：把資源或資本分配到能帶來最大報酬的地方。註：以上這句話，其實只是在用裝腔作勢的方式說「我們會有優先順序」。

我有最喜歡的小孩，一直都有。我認為大多數父母也都有。這是壞消息。但好消息是，誰是那個「最喜歡的」會不斷變來變去。我們守著這個秘密，就像守著核彈發射密碼一樣。因為一旦承認你有偏愛，就會讓你看起來像個糟糕的父母——像賈伯斯那樣。

我帶大兒子去看世界盃，所以小兒子知道我欠他很多。就連沒辦法自己穿睡衣的小孩，都能理解那難以形容的感覺，並以超級清楚的方式傳達你欠他某個特別的東

西。我的老天！親自見證這一點，讓我再次為人與生俱來的能力感到無比驚奇。所以，面對這位睡衣穿反的庭審律師，我的回應是：「你想要我帶你做什麼都可以。」

然後，他逼我證明我是說真的：「我想去環球影城的冒險島和火山灣。」不，拜託不要。這答案簡直就像我們請一位顧問來教他，如何逼問出他爸永遠不會考慮為任何人做的事。

遊樂園經濟

在還債之旅開始前，我們停車加油，大型石油公司顯然已經搞清楚市場區隔的方法了。殼牌（Shell）加油站區隔出不同汽油：普通、無鉛、高級。我朝高級汽油前進，他們很清楚，像我這樣的傢伙願意多付每加侖 27 美分，買可能、但沒人確定會比較好的東西。

此外，我們已經買了全區通行的兩日票，然而，康卡斯特（Comcast）的策略團隊，已經知道可以透過提供快

速通關,額外取得百分之百毛利的收益。簡言之就是:每張票多付 85 美元,就可以插隊。

好,我該買快速通關。然後,再多付 10 美元,總共 95 美元,我可以買到「無限次數」快速通關,意思是在同一項遊樂設施可以插隊無數次,而非只能用一次。到底有誰會想出這個東西?

他們已經做過測試,結果願意為插隊付 85 元的人,也願意為了同樣、或許再好一點的服務,付 95 元。

為了答謝全國前百分之一有錢的人,現在主題樂園還推出貴賓私人團,由一位嚮導協助當日消費,陪伴你穿過

員工限定的暗門，窺探門後的景色：「有人在上面搭乘遊樂設施時手機掉下來，我們就是在這裡找到的」。一場這樣的私人派對要價 3,000 美元，可有一人到五人參與，但不包含入園門票，娛樂業這門生意可不是鬧著玩的。

如果你覺得這好像是為了服務那群獲取經濟衰退後收入成長的那 85％ 的人，也就是資產排名前 1％ 的富人，而發展出來的全國性策略，請相信你的直覺。我們的經濟

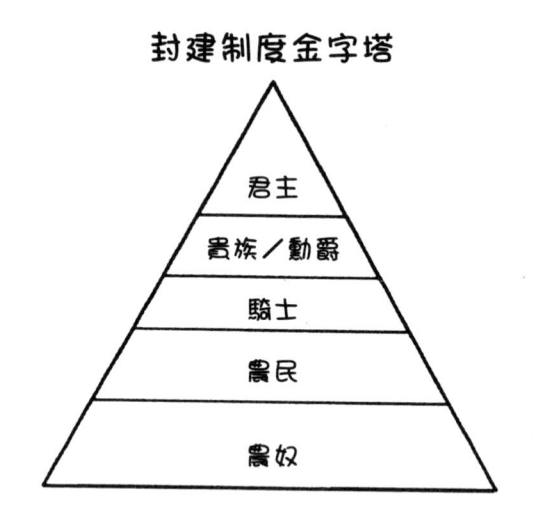

封建制度金字塔

君主
貴族／勳爵
騎士
農民
農奴

和其中的定價,正飛速發展成 3.5 億萬名農奴,服務三百萬個貴族的社會。

別小看魔法世界

哈利波特魔法世界是市場上的最佳產品,無需贅言。充滿創意的遊樂設施、優秀的工作人員、驚人的視覺效果、富有啟發性。如果你是個像我這類的悲觀男子,很容易就會用憤世嫉俗的態度,來面對等著搭乘書櫃穿越霍格華茲、排山倒海的人潮。

第一天沒問題。魔法世界很美好:奶油啤酒和遊樂設施都製作精良,像一劑化療,鐵定讓你噁心想吐。可別小看魔法世界,這個世界也精通市場區隔,他們推出了哈利波特的魔杖,全長三十公分,以冬青木製作,含鳳凰羽毛杖芯,要價 49 美元。

等等,還不只這樣。當你對著斜角巷的一扇窗戶揮舞魔杖,可以讓超酷的事情發生,就像真正的魔杖那樣,書

本會自行翻頁。我知道很不可思議，書頁竟然自己翻過去。

不過，如果你想要可以讓書翻頁的魔杖，你必須再花 59 美元買具有「互動力」的桿子。最後，我們在「可口巧克力專賣店與美味大餐廚房」結束那一天，這麼做等於爸媽在說：「我真的很愛你，愛到讓你晚餐吃巧克力和棉花糖。」

第二天才是真正的考驗：火山灣水上樂園。這座樂園彷彿是由阿姆斯壯和《13號星期五》的傑森共同設計的地方，一邊充滿太空科技感，一邊又像隨時可能遇到驚嚇。你的 TapuTapu 穿戴裝置可以預先綁定你的「階級身分」。也許不是，但如果你想插隊，就得去樂園的客服中心再拿一個裝置。

我兒子和他最好的朋友查理（Charlie），他是個快樂、有禮又無所畏懼的好男孩，他們領先群雄，下令我們全部都要玩。查理為我兒子帶來信心，讓他去玩平常不敢玩的東西，因為我兒子通常注意到爸爸臉上驚恐的表情，

就會跳過不玩。查理可不是這樣──他八歲大、127 公分、24 公斤，天不怕地不怕，當然，也看不到他好朋友的父親內心的陰影面積。

就在那漫長一天的尾聲，我玩完滑水道後，正受內耳功能異常所苦。在攝氏 35 度的濕熱氣溫下，我被曬傷，肚子裡全是奶油啤酒，感覺反胃，現在有很高的機率不是中風就是當場哭出來。

感謝老天，我們終於要離開了。但老天爺總是在你以為一切都要結束時，給你一記回馬槍。我那沒辦法自己穿好睡衣的兒子，精準地把握機會展開談判。「只要再玩一個就好，可以嗎？」

「當然可以。」老爸說。

我的小兒子毫不留情的宣判：「我想玩 Ko'okiri 身體滑水道。」那條由波蘭團隊打造的中空滑水道，從八層樓高的玻里尼西亞火山中央一躍而下。要體驗這個吸管形滑水道，得先鑽進一個氣壓傳送管，這是專為那些認為「在密閉黑暗的火山管道裡以每小時 85 英里的速度下衝」很

合理的人設計的。對我來說,這已經太超過了。所以,在確認他們的身高符合標準之後,老爸我就把兩個孩子送上那476階的樓梯,約好在滑道把他們「吐」進去的泳池見面。換句話說,我把所有教養責任交給了一塊油漆標示的告示牌——因為我兒子夠高,牌子告訴我:你現在可以不當他的監護人了。完美,真是太棒了。

我走到那座火山的小便池,也就是出口的水池,但時間過太久了。我兒子在哪裡?他是不是困在那個膠囊裡尖叫?他會不會沒有進去膠囊,徘徊在滑水道頂端,想著爸爸去哪兒了?

終於,他朋友以火箭般的速度被吐到水裡,看起來只受到輕微的驚嚇,我不確定他腦子有沒有受到其他創傷,因為他看起來超級嗨。有鑑於此,我想我兒子一定正以音速的十分之一墜下火山。我試著保持冷靜,但擔心得要命,真的要命。

我站在池邊等兒子。然後,我那個八歲的兒子活著通過滑水道,飛馳進入水中,再次成為我最愛的孩子。他的

爸爸穿著泳衣、人字拖和完全不符合時尚但可以避免腳背曬傷的紳士襪站在那兒，身上配備了令人安心的話語：「太了不起了，真為你驕傲！」和蛋白營養棒：「你餓不餓？」

他因為滑水道的強大衝力而慌亂了一下，但視線馬上找到了爸爸，看起來鬆了一口氣，甚至是心滿意足。他從八層樓高的地方落下，體會到一股成就感，要求再玩一次。他知道自己辦得到，而且那個穿短褲和紳士襪的男人會在底下等著他。那個人愛他，全然愛著他。

正因有限，更顯珍貴

絕對真理太少了。競爭優勢理論、多角化經營、因果報應、群眾的智慧都屬於我曾以為的絕對真理，結果都被推翻。有沒有任何現實生活中的經驗或事務，能給我將近百分之百的信心，保證投資之後不只回本還有賺？

爆雷警告：答案是「愛」。不過，你得留意細微之

處。在經濟、情感與靈性層面達到某種境地,讓你能全然愛某個人而不預期任何回報,這是絕對真理。

宇宙傾向朝繁盛進步發展。當宇宙失去了生命源頭「太陽」,同時也會引發宇宙進程,誕生出更好的新太陽。由於宇宙傾向進步,它創造出一些誘因,能導致自然的進展。長久下來,市場向上發展,一代比一代更高。

那股誘因就是,激起進步的行動帶來報酬,好讓我們持續進食、進行性行為還有去愛。我們這個物種、這個星球和宇宙中,促成進步最重要的行動,就是無條件的愛。宇宙能夠認出無條件的愛,以我們所能認知的最深意義與最高福祉,來獎賞無條件去愛的各種行為。

身為無神論者,我相信生命就是這樣。當我接近生命盡頭,我會注視我孩子的眼睛,知道我們的關係就要結束。那沒關係,因為這段關係激勵了我。能夠認清生命的有限本質是種福氣,因為如此一來,你就能專注在愛、寬恕與追求。

第四部

常保健康的祕訣

13
健康管理的必要

就如同亨利・洛奇（Henry S. Lodge）醫生所言，我們本質上是狩獵採集者，我們在活動、被他人包圍時，才是最幸福的時刻。我在前文提到，有一個頗能代表成功的指標，就是你流汗與看別人流汗，也就是在電視上觀賞體育賽事的比例。重點不是要擁有完美肌肉線條，而是讓自己在身體與心理上都保持強壯。擔任執行長的人最普遍共通的特點，就是他們都規律運動。走進任何一間會議室時，如果你心裡相信「萬一情況失控，我有能力幹掉其他人，甚至吃了他們」，那種心態會帶給你優勢和自信。（註：

請不要真的這麼做。）

請在工作上常常展現你的身心力量，也就是你的恆毅力。每週工作八十個小時，但在面對壓力時保持冷靜，遇到重大問題時，用強大能量予以痛擊。別人會注意到的。

摩根士丹利的分析師每週都通宵工作，但那殺不死我們，反而讓我們變得更加強大。然而，當你年紀漸長，這種工作方式確實可以殺死你。所以要這麼做就趁現在。

體能很重要

我很關注身高體重和一般肌力，因為我從小到大都長得瘦巴巴。我進 UCLA 時是 191 公分、63 公斤。加入划船隊、享有每日三餐（感謝 ZBT 兄弟會的廚師珍妮），讓我增加了 14 公斤的肌肉。體重一上來，女生開始注意到我，感覺太棒了。從那之後，我就把「力量和肌肉」跟「作為伴侶的價值」聯想在一起。但現在，我的肌肉正在流失，而我還找不到其他安全感或價值感來源。我正在跟

「變老」這件事奮戰，還有點迷失。

別為小事抓狂，或大事

隨著年紀增長，我越來越能察覺自己的情緒、心跳和血壓。最近我去了倫敦參加一場名為「創辦者論壇」（Founders Forum）的活動。抵達現場後才發現，我不是在主會場發表演講，而是在兩場平行分場之一。而我那場的「對手」，是中國叫車平台滴滴出行的總裁柳青。更慘的是，她被安排在琥珀廳，比我所在的雪松廳大得多。我內心那頭豺狼立刻跳出來，覺得這根本是莫大的侮辱。

這是我近期參加這類聚會中，最令人印象深刻的一場。我在下午兩點到場，沒吃什麼東西。我那陣子壓力很大，每當我壓力大，就會忘記吃東西。我開始感到暈眩，所以在上台前七分鐘狼吞虎嚥地喝掉兩杯拿鐵、吃掉一顆蘋果，準備上場對聽眾大吼大叫，持續三十分鐘，吼完143張投影片。

演講開始大約二十分鐘後，音響系統出現雜音，我開始出現心律不整。但最糟的不只是心跳失常，而是我能清楚感覺到那些異常的跳動，這讓我陷入恐慌。

音響雜音、心室早期收縮突然爆發、兩百個人盯著我，讓我的心率一路飆高。我試著往好處想，好讓自己冷靜下來：如果我倒下，死在台上，YouTube上會有超高的點閱率。

因為年紀大了，我現在能夠區分小事和大事，不為小事抓狂。前面這句是謊言。和時差、宿醉一樣，壓力對我的衝擊，隨年紀增長而變得更加嚴重。我會形容自己前四十年的人生像是在恍神夢遊。這樣的狀態也有它的好處。真正的問題是，當你變得更有思考能力後，你就真的開始「想東想西」。

比起這個世界上數十億為三餐煩惱、與病痛搏鬥的人，我的生活其實算是輕鬆的。但壓力還是會擊垮我。

我還是會恐慌發作

過去五年來，我大約演講了四百場，其中大約有1%的時候會徹底失控。我會開始焦慮、冒汗，聲音也會顫抖。我開始大口吸取氧氣，感覺好像快要嘔吐或昏過去。我在慕尼黑「數位生活設計」（Digital-Life-Design，簡稱DLD）研討會，以「四騎士」為主題的談話被瘋狂轉傳，至少對一個學者來說算是如此。

那為 L2 公司啟動了許多好事：談定一本書的出版、有人來打聽我們、更多人注意到這家公司。我現在每年都為「數位生活設計」進行開場演說。但在第十五屆「數位生活設計」大會，我莫名其妙……發作了。

我幾乎快要在台上昏倒，必須前傾身體，把手靠膝蓋上三十秒鐘。會場上的好心人想送我去醫院，他們相信我心臟病發了。對了，那場談話在 YouTube 上的觀看次數是 110 萬次。

顯然我接近中風的狀態，對 YouTube 觀眾來說沒那麼

明顯，很少人在留言裡提及此事。這是另一個例子，可以說明沒有什麼事情，像發生當下看起來那麼好或那麼糟。

還有一次，我受邀上福斯（Fox）頻道，討論川普對亞馬遜的攻擊，當時我收到一封電子郵件，說最近剛獲總統任命擔任首席經濟顧問的賴瑞・庫德洛（Larry Kudlow）也會出現在那集節目中。我開始感到焦慮。接著，我注意起我的穿搭。不知道為什麼，我穿上了衣櫃裡所有東西，包括一件帽T，一共穿了大概十一層衣服。

「戰或逃」反應啟動，我開始思考要怎麼阻止自己崩潰的情緒。「我知道了，來喝一杯吧……可以讓我冷靜下來。」我很確定，大多數臨床醫師會把這種想法歸類為「酗酒」。真正讓我沒有在早上9點45分跑到曼哈頓某家熟食店豪飲一、兩罐Lagunitas IPA的原因，不是我害怕物質依賴，而是擔心被人看見我一大早就在灌啤酒。總之，我沒有喝，然後我也沒事。

我吃過 β 阻斷劑，看起來效果不錯，彷彿治好了這種狀況。但我不想依賴任何東西才能正常發揮。當然啦，

除了助眠藥、咖啡因、犀利士、Chipotle 和大麻。也就是我所說的「五大食物類別」。

如果我不是無神論者，或許可以合理解釋這一切是上帝在提醒我：「你沒那麼酷。」但身為無神論者，我只能說，這大概就是所謂的「恐慌發作」，至於它的成因，我大概永遠都搞不清楚。

哭吧，這很健康

哭泣可能具有演化上的意義，因為它能傳達「投降」的訊號（「拜託別再對我做這些事了」），引發周遭人的同理心，也能幫助父母找回自己的孩子。

有一種方法可以解決這個問題，那就是模仿子宮環境，所謂的「5個S」法則：包裹（swaddle）、側身趴睡（side-stomach position）、噓聲安撫（shush）、輕搖（swing）、吸吮（suck）。這是哈維・卡普醫生（Dr. Harvey Karp）提出的方法。那招真的很神。要不是嬰兒這

麼恐怖,我認真考慮再生第三個小孩,只為了有機會表演5S給沒有小孩的朋友看。

當一陣難以處理的情緒襲來,哭泣也可以舒緩壓力。男性經常被認為不能輕易哭泣,這很可能是因為哭泣和「表示投降」這些事情相關。

我記憶中第一次哭,我是說真的哭泣,是在九歲的時候。我媽離開我爸和我。直到兩個星期後她才回來接我。我當時正和我爸一起,收看週五晚上播出的綜藝節目《歡樂滿人間》,那是預錄功能出現之前的時代。

我們坐在沙發上,穿著相同的橘色毛巾布睡袍,那是1970年代中產階級美國最極致的奢華打扮。我爸在參加國際電報公司舉辦的高爾夫球賽時,拿到這些奢侈贈品。他為我多拿了一件小尺碼的衣服,但還是比九歲小孩的尺碼大了八號。

我們穿的橘棕色懶人服,胸口繡了一根紅色旗桿,下面用綠色草書寫著「圓石灘」(Pebble Beach)。我不知道圓石灘在哪裡,但我知道重要人物在那裡打高爾夫,代表

我爸是重要人物。

兩週前發生的那些事，我當時還沒完全理解，但它突然從心底湧上來。裹在那件土耳其棉的寬大長袍裡，我開始無法控制地大哭。我整整哭了三十分鐘。我爸顯得很慌張，一直說：「對不起，我可以做些什麼嗎？」我只回他：「不用，我只是很難過。」那是我們人生中第一次真正的對話。

後來，我長大了。大約在三十四歲到四十四歲的十年間，我失去了哭泣的能力。我在離婚和我媽媽過世時都沒有哭。我想只是忘記了該怎麼哭。我埋頭於事業、壓力沉重，而且把太多身分認同和自我價值，綑綁在專業成就之上。但我從來不曾為事業而哭泣。而且，相信我，我有幾百個哭泣的好理由。不過，四十幾歲之後，奇怪的事發生了：我哭個不停。

我蠻確定這是件好事。因悲傷而哭，是帶著哀傷回望過去，或是對未來充滿恐懼。因幸福而哭，則是一種彷彿把當下定格成永恆的反應，被凍結在一個充滿喜悅、宛如

不朽的現在。

最近我的眼淚（感謝老天）多半屬於後者。當我開始放慢腳步，追求那些當下的片刻，感覺特別強烈。和朋友相聚的時刻、想要凍結與孩子共處時間的時刻，還有（最常發生的）看電影或影集時完全沉浸在當下的感受。《摩登家庭》至少有三分之一的集數都會讓我眼眶泛淚。而且不知為何，一上飛機我就特別容易情緒崩潰。千萬不要在飛機上看《漸凍人生》（Gleason）這部電影。

我也更常在課堂上哽咽，就當著 172 個二十幾歲孩子的面前。我以前會感到難為情，告訴自己我必須振作起來。但隨著年紀漸長，我們變得更像自己，我對於赤裸的情緒，以及其附帶的潛在傷害愈來愈感到自在。我已經付出努力，值得這些東西。當你年紀大了，開始意識到時間有限，你會希望在心有所感時凍結時間，好好感受當下時刻。

憂鬱通常不是覺得難過，而是什麼都感受不到。哭泣，尤其是在所愛的人陪伴之下或想著所愛的人，感覺健

康而喜悅。只是想著這件事，我就熱淚盈眶。

不用太親近，和諧最重要

　　我的家庭，包含我和爸爸、姊妹，以美國標準而言並不親近。沒有烤肉活動、每天打電話或一起看運動比賽。但如果要在「親密」和「和諧」之間選，我會選和諧，而我們家非常和諧。我身邊有些朋友和家人關係超級緊密，但同時也非常混亂，他們常常為了莫名其妙的事感到筋疲力盡。相比之下，我們家三個人都沒什麼要求、不愛戲劇化，而且彼此的存在對對方來說都是加分。額外的驚喜是，除了愛彼此，我們也真的喜歡對方，相處起來很自在。

　　過去二十年來，我們每隔幾年就一起去卡波（Cabo）一趟，我爸很愛那裡。但這次比較困難。我爸已經八十八歲，最近體重掉了很多。他的腿部肌肉因年老而萎縮，行走困難。但我們記憶中的爸爸總是有行動力、堅強可靠，

好像他永遠不可能變老，也不可能需要我們的幫忙。所以當他需要協助才能四處走動，令人感到不安。

他最寶貝的東西包括幾次在十公里路跑賽中，奪得五十歲年齡組的冠軍獎牌。他特別喜歡其中一張照片，捕捉了他站在頒獎台上慶祝勝利的瞬間，嘴裡叼著一根菸。

我和我妹妹從十八歲開始，每週運動三次以上，至今從未間斷。我們那個抽菸成癮、卻能跑10公里得獎的老爸，從我們十幾歲時就讓我們養成運動習慣，而這個習慣也一直延續下來。有一天，我們都會需要別人扶著走路，但多虧了他，對我和妹妹來說，那一天大概會比多數人晚很多才到來。

我們三個一起旅行的亮點，就是晚餐時在海濱喝酒。我們的對話無可避免地轉到我爸的三位前妻、我妹妹的前男友們和我眾多的精神官能症狀。這些話題在冷靜清醒時出現，不只無趣還有點麻煩，但配著幾杯瑪格麗特，就變得超級好笑。隨著細胞死亡（每個人都無法避免），身體或認知功能終將逐漸衰退。我們一生中大多數時間都是靜

態度過的,所以當你看到我們八十八歲的老爸依然神智清楚、風趣幽默(即便是坐著),你會很清楚地意識到:比起記憶力衰退,你更希望是腿先不行。

從被照顧者轉變為照顧者

照顧者是最長壽的群體,你對多少人付出愛與照顧是最強的信號,可以顯示你將活多久。我和許多男人一樣,沒有真正認真照顧過許多人。我花很多時間陪小孩,但他們的媽媽才是主要照顧者。我的照顧方式就是陪他們看英超精華、帶他們去吃日式鐵板燒,還有問 Alexa 一堆有關《星際大戰》的問題(怎麼問都不會膩)。

這次帶我爸來回卡波、在飯店裡四處移動,讓我深刻體會到美國身心障礙法案(ADA)有多重要。這是我自從媽媽生病以來,最真實的一次照顧經驗。你會真切感受到這些制度帶來的好處。照顧確實很累,但也很有成就感。你必須全神貫注、井然有序(這對大腦健康也很重

要），而且你會感受到自己的存在價值，例如確保我爸不要跌倒。

我告訴爸爸，是時候在機場使用輪椅服務了，他對此毫無意見，簡直可說是十分淡定。他在輪椅上過安檢，看起來鬆了一口氣，因為他不必煩心，我們在金屬探測器另一端所忍受的鳥事。我的包包是哪一個？我的鞋子在哪裡？該死的……我的隨身行李裡面有電子菸嗎？我們前面是另一個坐在有輪交通工具上的使用者，一個兩歲女孩。她不像我爸對於被推著走來走去那麼淡定，她不斷尖叫。

我們每個人過去或未來，都會用到嬰兒車或輪椅。當我們離開家、走向世界時，為了讓摯愛的人能夠同行，我們會把他們放上輪子。行動力這件事如此美好，以至於我們會想方設法延續它、推著它往前走。那個小女孩當時很不開心，就像小孩子常有的情緒一樣，她顯然還無法理解輪子代表的是身邊的人在關心她、想讓她一起參與。但我爸知道，那確實就是愛的表現。

13　健康管理的必要

14
享受當下

　　百歲人瑞是人數增長最快的年齡層。怎樣才能活到一百歲？很簡單。擁有好基因、過健康的生活、愛其他人。愛是對長壽最好的東西。我們喜歡相信遺傳最重要，這樣就可以推卸我們不愛護身體的責任，反正「木已成舟」。不，木未成舟。

　　有一種變數，是我們無法控制的，它會毫無理由地帶來悲劇。我第一次在漢普頓共租度假屋時，和兩位女性同住，其中一位是剛生下一對雙胞胎的媽媽。她們都在四十出頭就因癌症過世，而且是在不到一年的時間內。

隨著年紀增長，我們會愈來愈常遇到這種不可控變數，人們在不該死的時候離開。因此，我們開始調整人生中其他的演算法。

有時你需要活在當下

史丹佛大學教授華特・米歇爾（Walter Mischel）曾研究「延遲滿足」，他讓孩子面對一個選擇：可以現在吃一顆棉花糖，或是等一下，如果能忍住不吃，就能得到兩顆。這項研究長期追蹤那些孩子，結果發現，能忍住不吃第一顆的人，長大後往往更成功。

我們的教育制度與文化，關注如何讓孩子成為小小延宕滿足者。很少父母會對小孩大喊：「我要你更活在當下！」但隨著年齡增長，不可預測的變數變多，我們開始懷疑：「為什麼我今天這麼焦慮，只為了打造更好的明天？可我明天還是同樣焦慮啊？那明天的獎賞，到底什麼時候才會變成今天？」

我極其努力更活在當下，發現那還真費力，除非我和小孩在一起，他們逼我只能活在今天。而且，那通常是他們當下唯一需要或想要的東西，這是好事。

　　最近有一次，我正在等候飛往倫敦的航班，結果班機延誤，所以我開始打電話、讀電子郵件、工作。但沒過多久，我就想「管他的！」我跑去免稅店，買了一堆風乾火腿（入境隨俗），接著走進一間酒吧，點了一杯皮爾森啤酒，戴上抗噪耳機，放起凱文．哈里斯（Calvin Harris）的音樂，一邊吃火腿。我超愛豬肉。用豬肉洗澡我都願意。

　　那一刻我非常「活在當下」，開心地走去登機門，穿過一扇氣派的玻璃門……結果竟然沒有登機門，只有行李轉盤。搞什麼？我竟然走出了航廈和安檢區。這也是為什麼每次經過運輸安全管理局退場通道時，你會有種抗拒感：因為他們，真的，不會讓你再進來了。（我親身體驗可以證明。）我錯過了飛機，但也因此徹底地活在了當下。

我們都在尋求平衡,那個最佳擊球點。我們延遲滿足,才能打造更好的未來給自己、家人或其他人。你不能太常錯過班機,因為另一邊的人還仰賴著你。但對人生不可控的變數比中指、迷失在豬肉堆中、偶爾錯過班機,還是具有某種價值。

別當成功的混蛋

我最近一直在思考情緒健康與心理健康的事。什麼讓孩子和狗在鏡頭前如此吸引人?(演員經常覺得自己被小

孩和寵物搶了風頭）答案是：因為他們百分之百真實。

你的孩子不會擔心在你看《瘋狂科學行動》的時候躺在你身上會不合適或讓你不開心。來自孩子的親暱是無比珍貴的，因為那是最純粹的情感，沒有目的、沒有期待、沒有過濾。那出於一種本能：想感受你的溫度，想靠近你，一個他們深愛、也深愛著他們的人。

我家老大完美展現了這種真實性：幾分鐘後，他毫不猶豫地拒絕了跟我一起洗車的邀請，因為他寧願去玩《FIFA 18》。昨天，我們七歲的小兒子告訴我們，當他摸自己的「小手肘」（他給那部位取的名字，不是我們）或是看到狗狗時，他會「感受到愛」。他哥平常從不認同他的話，這次卻點了點頭，好像這就是宇宙的真理一樣。

學校、紀律與教養，基本上就是在替孩子建構各種「過濾器」，讓他們守在自己的泳道、不會惹上麻煩、學會融入群體，並逐漸找到屬於自己的北極星。青少年在父母面前，特別擅長過濾你說的每一句話，挑出你做的每一個缺點，真的是每一個。而當我們步入成年，也會在戀

愛、在大學、在職場不斷建立更多的過濾器。

在你年紀大了後，你容忍過濾器中的裂痕，讓它有較多漏洞，你的行動和語言變得比較真誠，帶來一種自由與情緒釋放。我的過濾器在工作上和面對服務業人員時，功能升級出了點小問題。我對於表現未能達到我的期望、工作標準，或未能收取合理計程車費用的人時，坦白得不得了。直接而具建設性的回饋很有價值。

但我的「回饋」往往是那種沒人想要卻陰魂不散的「負面禮物」。總是很快就提醒對方（那個可能年薪只有四萬美元、還得養三個孩子的服務生）我等了四十分鐘才拿到客房餐點。或者，當我半夜工作時，理所當然認為那個二十四歲的下屬也應該要在工作。

我試著用慷慨的小費來彌補前者，但那只是補償自己，我自己也一路從高中、大學靠打工撐過來的（當過服務生、代客泊車員、收盤生），我在每一個服務業者身上都看得到過去的自己。但就算給了25%的小費，也不能當成自己耍混蛋的藉口。我正在努力改變這一點。

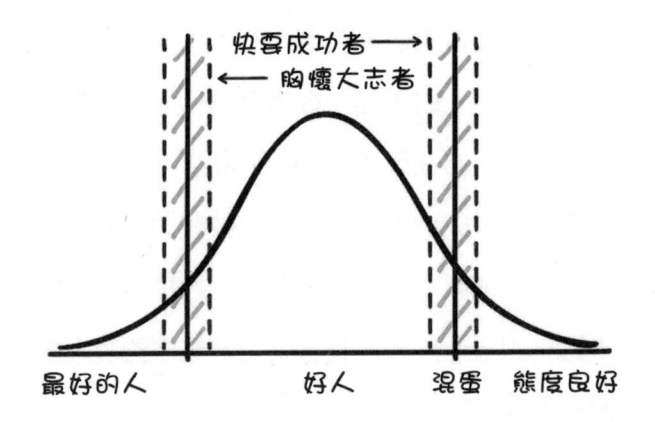

[圖：常態分佈曲線，標示「快要成功者→」、「←胸懷大志者」，橫軸由左至右為「最好的人」、「好人」、「混蛋」、「態度良好」]

我從年輕時起就接觸到許多極為成功的人，大多是因為工作，也有一些是私下認識的。當個混蛋，其實有一個弧線。

處於「起步階段」的人（還在努力謀生的那群）通常都很友善，也不太會有過高的期待。我不知道這是不是因為還沒達到財務保障所培養出的謙卑、害怕得罪不該得罪的人、價值觀的選擇，還是來自某種本能反應，畢竟很多人都待過服務業。

而「接近成功」這個階段（我大部分的成年生活），

反而最容易掉進混蛋陷阱。我們內心的不安全感，和對自己還沒「光速成功」的不滿，很容易轉化成一種虛榮的期待與行為模式，彷彿在說：「你最好知道，我很重要。」

我認識的超級成功人士，通常比較親切又慷慨，大致上比較有禮貌。電影和電視上把億萬富翁描繪成混帳，多半只是不真實的卡通形象。我希望把慷慨與禮貌，視為成功的信號與原因。

但我相信禮貌也和其他因素有關：

一、億萬富翁有更多可以損失。假如你是 Uber 的執行長，對 Uber 司機態度差勁，這可能也應該讓你損失數十億美元，事實證明確實如此。

二、你會開始盤點自己的幸運，而這會讓你比較容易不當混蛋。年紀漸長的一個好處，就是某些「過濾器」會開始更新。例如，你會更常想：「我真的需要批評這個人嗎？」而其他過濾器會開始放鬆，讓你更自然地去誇獎他人。

多多讚美

　　我百分之百肯定神不存在。至少不是摩根・費里曼／Lifetime 頻道／福斯頻道版本的上帝。不過，我會禱告。就像你寫下目標，就比較容易實現，目前已證實心懷感恩可以提升健康與壽命。

　　心理學研究指出，感恩與較高的幸福感之間具有穩定相關。感恩讓人體會到更正向的情緒，享受生命經驗、增進健康、助人面對逆境並打造更堅固的關係。

　　書寫你的抱負並闡明所有讓你感恩的事物，也是一種禱告。在別人的陪伴之下，我的禱告更堅定，公開我的目標與表達感激。

　　或者，我更常做的是具體談到，別人多麼令我欽佩。我年輕時，覺得稱讚別人是種零和賽局。承認別人的成就與特質，就會奪去我的成就與特質。等我四十歲後，才逐漸學會讚美。真是太小心眼了。

　　和我兒子在一起的時光及運動，一向是有效的抗憂鬱

劑。我漸漸加上第三種：以表達感激及欣賞的方式禱告。我不是為了做善事，而是因為這讓我感覺重要、健康、並有信心去讚美別人。我還有一段路要走，因為我長年的不安全感堅定不移。

我們都有一些好的意圖，但沒有付諸行動。我們甚至有個更大的水庫，裝滿對別人的欽佩與讚賞，卻被不安全感與恐懼所構成的過濾器阻擋了。不讓感謝與讚美的水壩潰堤，等於縮減了生命並減損了喜樂。世界上的絕對真理如此之少。其中之一是：沒有人會在葬禮上說：「他太寬宏大量、太仁慈、付出太多愛了。」

沒有這種人。從來沒有。

對健康無害的成癮物

如果一隻老鼠只要壓下桿子就能嚐到甜頭，可以想見，那隻老鼠只要餓了就會回去壓桿子。但如果獎勵開始變化，比方說試了幾次還是沒有甜食，然後在某次壓桿後

忽然掉下三個……那麼，老鼠就留在桿子旁失控敲打桿子。隨機而不可預測的報酬，就是有成癮性的東西。

我對推特上癮，或者更準確地說，是對那個平台帶來的認可感上癮。但所有成癮行為都是有代價的，世上沒有免費的午餐。我的上癮後遺症就是這樣：當我把「追求真理」（理論上學者應該要做的事）包裝進那些博取眼球的聳動語言中時，雖然短期獲得了流量與掌聲，但之後只會感到空虛，甚至有點可悲。說到底，一個五十幾歲的行銷學教授，到底為什麼還要在推特上混？

我們每天都在無意間，拉下吃角子老虎機上的拉桿。我八歲的小兒子通常在睡醒前一個小時，搖搖晃晃地跑來我的房間。很少有東西（也許海洛因？）能在短短三分鐘內讓你體驗天堂與地獄。

當他靠在我身上時，我感覺自己完整了，一切都有意義。我會再次入睡，心裡清楚自己是被需要的。但儘管我被需要，三分鐘後，我的延腦會把我叫醒，因為我快窒息了。我得把這個26公斤重的肉袋從我胸口移開，否則我

會死,而他(我希望)會因為發現自己躺在死去老爸身上而留下心理創傷。這個情節搞不好可以賣給Hallmark拍成電影。我離題了。

　　他現在醒了。當他感覺到燈亮了,開始漸漸甦醒,他望向四周,頭髮亂得不同凡響,知覺的輪子嗡嗡轉動,吸收著那一天可能帶來的新世界。他正在判斷今天是不是個好日子。嘿,爸爸在這裡,他愛我,我也好愛他,愛到我要再次撲到他身上,幸福地躺上十五秒秒鐘。然後他跳起來,告訴我們他要下樓去找他最好的朋友:他哥。

$$\boxed{7}\boxed{7}\boxed{7}$$

　　或者他感覺到今天有不好的地方,而這就是多巴胺的關鍵:沒有固定模式。短短三秒,這種模糊的不安就轉變為堅定的確信:沒錯,今天絕對是邪惡勢力即將全面襲擊美好世界的一天,而他那凶猛無比的壞脾氣,將是他手中最強大的武器。

666

　　這個惡魔之子開始發牢騷和發問尋釁:「我一定得去踢足球嗎?」「早餐可以吃小熊軟糖嗎?」整天變成一場人質危機,而我只能懷念起賓·克羅斯比(Bing Crosby)的年代,那時候打小孩不只是可以接受,甚至被視為好父母的表現。然後,就在你精神快崩潰時,那個穿著鋼鐵人睡衣的小恐怖份子突然坐到我身邊,開始摸我的頭髮,邊笑邊說那感覺很好玩,還開始問我關於我媽的事:「她長得像你嗎?你們住在大房子裡嗎?」

　　除了電玩,我的小孩正在發展出其他多巴胺迴路,看著他們逐漸發展很有趣。

　　上個週末,我的小兒子跑進我們的臥室,占據爸媽之間的位置。我注意到他緊緊抱著一個圓滾滾的東西,還以為那是憤怒鳥娃娃。我輕輕從他手中把那東西拿下來,在黑暗中隱約看到上面有個「8」。原來他抱著一顆神奇8號

球睡覺。

到了早上，我那個像是從Hallmark頻道走出來的兒子出現了，說我們應該來問這顆全知全能的8號球一些人生最重要的問題：

- **「爸爸的頭髮會長回來嗎？」** 答案：前景不樂觀。
  很難說明我的八歲兒子覺得這有多好笑。
- **「媽咪會買《FIFA18》給我嗎？」** 答案：最好不要現在告訴你。

我兒子抱著他的神奇八號球走來走去三天，對隨機的獎勵與回饋上了癮。

這種不可預測性、即時反應、獎賞的變化性，再加上人類基因裡「執著於自己孩子」的傾向（好讓物種延續），讓孩子對父母來說，就像一種會上癮的東西。我每週有很長時間待在紐約，離開他們。到了星期四，我就開始焦躁、低落。我需要「補充」。

食物、性、孩子，我們的本能，就是讓自己對這些維繫物種存續的事物上癮。我相信，將來我的孩子會明白：爸媽帶給他們的，不是一時的多巴胺衝擊，而是穩定的滋養。我們一直都在，很可預測，從不缺席。我們是那種「一定會在的選項」不論發生什麼，我們都會愛他們。他們會記得嗎？記得我們雖然不完美，但始終如一地守在他們身邊？

―――― 結語 ――――

人生最後一刻，唯一重要的事

　　我媽在橘郡國際電報辦公室的祕書室，認識了她最好的朋友卡森・伊凡斯。卡森活潑又風趣，長得神似電影明星安瑪格麗特。她後來嫁給一位成功的企業家查理，他經營一家印刷公司。卡森夫婦是我媽非常親近的朋友。在我爸媽離婚之後，我媽還搬去和他們住了一段時間。

　　在他們的陪伴之下，我在九歲時第一次意識到以下幾件事：

　　一、卡森是我記憶中，第一個認為真的很「漂亮」的女性。

二、我注意到他們擁有比我們好的東西：俯瞰山谷的大房子、德產車、毛皮大衣、來自義大利的高級槍枝。卡森身上的皮帶，有圍著二十四個 10 元印地安人頭像鷹揚金幣的金環。卡森和查理代表了我之前從來沒有遇過，或是注意過的東西：他們很「有錢」。

三、他們也沒有小孩，時髦的人會在他們主辦的派對上玩得很盡興，而且經常喝醉。他們隨著樂團的現場表演跳舞，而查理認識那樂團的主唱，他們很「酷」。

我高中時，查理帶我去他公司吃午餐，我開始對工作和賺錢是什麼意思有了概念。我開始把工作和金幣、聽現場音樂表演的時髦人士、俯瞰聖費南多谷（San Fernando Valley）連結在一起。

查理領先於他的時代。他預見重大革新即將到來，決定在技術上豪賭一把——投資即將取代排版印刷的電腦。他投資的新科技不實用，而且必須付出高成本改變整個公司的運作。

他那成立三十年的公司在兩年內倒閉，查理和卡森的財務狀況一蹋糊塗。和許多夫妻一樣，經濟壓力容易招致厄運，卡森告訴查理她要分手。

沒多久後，查理因為當時被稱為「精神崩潰」的狀況住進了醫院，那時候還很少聽到「憂鬱症」這個詞。出院後，有一天他請卡森去買東西，家裡的哈根達斯吃完了。卡森一離開，查理就走進車庫，拿出古董獵槍，裝上子彈，把槍口對準胸口，扣下了扳機。

他的葬禮上來了四百人，他真的深受大家愛戴。我記得那個場景非常衝突：一百多個人哭得泣不成聲，他前段婚姻的三個成年兒子都在大哭。而卡森穿著過膝皮靴，站在那裡迎接每一位前來弔唁的人。

查理過世後不久，卡森動了幾次失敗的背部手術，對

鴉片類藥物上了癮。她和我媽保持親近的關係。我媽生病時，卡森有一天突然出現在我媽家門前的台階上，宣布她要來照顧最好的朋友。

她從聖地牙哥開車到拉斯維加斯。我從她鮮黃色的柯爾維特（Corvette）車上卸下行囊：兩個仿冒的 LV 包、一隻馬爾濟斯犬、和七瓶一公升的約翰走路紅牌威士忌。

當我媽媽病得很重時，卡森會幫她做我做不到的事，幫她洗澡、更衣。她每天晚上都會做冷凍捲餅給我們吃。她還會勾引三十多歲的維修工人（因為我媽住在高爾夫球場旁），每三、四天就喝完一瓶一公升的威士忌。照這個節奏，我心裡算了一下：卡森大概預留了一個月的時間陪我媽，因為那差不多是她喝完約翰走路紅牌的時間。

我媽過世之後，卡森問我以後願不願意偶爾問候她。我每個月打電話給她，持續了大約六個月，就沒再打給她。我太沉浸在自己的鳥事裡，忘了那個在我媽臨終時替她洗澡的人。真是自私。

兩年之後，我接到一通電話，卡森過世了。她那時無

法找到人載她去拿止痛藥,結果出現嚴重的戒斷反應,最後心臟撐不住。她的遺產律師通知我,我是她遺產的唯一受益人(這裡的「遺產」這詞用得有點慷慨),但那已經遠比我應得的多了。就像轉移性疼痛一樣,那其實是她對我媽媽的愛,在別的地方展現。

我繼承了那條鑲著金鷹的腰帶,我決定留著它,萬一哪天世界真的毀滅了,也算有點準備。我可以搭便車去愛達荷州,靠這些金幣換槍、換奶油、換幾天別人地下碉堡裡的棲身之地。誰知道呢。

我藏起那條皮帶,這是個壞主意,因為就連我沒藏起來的東西,都能搞丟三分之一。我好幾年沒看到那些金幣,直到我的好友亞當問我,知不知道我給他的矮櫃裡,有一件廉價的飾品:一條俗氣的金皮帶。我告訴他那一點也不廉價,很可能值幾萬美元。

亞當說他十三歲的兒子讀七年級,每天戴著那條皮帶去上學,把它當成項鍊,因為那樣看起來很像饒舌歌手。他把皮帶還給了我。

卡森和查理是我們所認識、這世界上最了不起的人，他們在離世時都是孤獨一人。卡森是一位成癮者，唯一的家人或朋友是我媽；查理病得太重，感受不到家人的愛。

　　後來，我也成了幾種東西的成癮者。我對伴隨專業成就而來的肯定與經濟安全上了癮。看著那條皮帶，再次提醒我必須對關係有所投入，以免到最後我擁有的只剩他們，也為了持續記得，到頭來，那就是我們所擁有的一切，也是唯一重要的。

謝辭

能再次召集這個團隊來完成這本書，真的讓人感到滿足與感激。我的經紀人 Jim Levine 是我最重要的靠山——他（大部分時候）能讓我保持軌道，也總是帶來支持與啟發。我的編輯 Niki Papadopoulos，如果下輩子當獸醫我一點也不意外，她堅定又溫柔。在這輩子，她讓我和這本書都能穩穩前進。我的同事 Katherine Dillon 是我專業上的磐石，而 Kyle Scallon 則在無數個夜晚與週末，協助我把這些想法化為現實。Maria Petrova 靠著她的「第四語言」能力，讓我這一輩子只會的一種語言讀起來更流暢自然。

Beata，謝謝你每天為我們的家帶來快樂與喜悅。我愛你。

參考資料

20 **然後，在你五十多歲時**：ngraham, Christopher. "Under 50? You Still Haven't Hit Rock Bottom, Happiness-wise." *Wonkblog* (blog), *Washington Post,* August 24, 2017. https://www.washington post.com/news/wonk/wp/2017/08/24/under-50-you-still- havent-hit-rock-bottom-happiness-wise.

21 **你正在通往幸福的路上**：Clinical depression is something I do not have the expertise to address.

24 **他很擅長人生**：Cohen, Jennifer. "Exercise Is One Thing Most Successful People Do Everyday." *Entrepreneur,* June 6, 2016. https://www.entrepreneur.com/article/276760.

26 **夫妻之間最常見的爭執來源**：Rampell, Catherine. "Money Fights Predict Divorce Rates." *Economix* (blog), *New York Times,* December 7, 2009. https://economix.blogs.nytimes.com/2009/12/07/money-fights-predict-divorce-rates.

27 **美國有個種姓制度**：Carnevale, Anthony P., Tamara Jayas- undera, and Artem Gulish. *America's Divided Recovery: College Haves and HaveNots*. Georgetown University Cen- ter on Education and the Workforce, 2016. https://cew.georgetown.edu/cew-reports/americas-divided-recovery.

27 **大都市帶**：Khanna, Parag. "How Much Economic Growth Comes from Our Cities?" World Economic Forum, April 13, 2016. https://www.

weforum.org/agenda/2016/04/how-much-economic-growth-comes-from-our-cities.

29 相關性就漸趨平緩：Martin, Emmie. "Here's How Much Money You Need to Be Happy, According to a New Analysis by Wealth Experts." CNBC Make It, November 20, 2017. https://www.cnbc.com/2017/11/20/how-much-money-you-need-to-be-happy-according-to-wealth-experts.html.

29 全然專注且投入：Csikszentmihalyi, Mihaly. 2004. "Flow, the Secret to Happiness." Filmed February 2004 in Monterey, CA. TED video, 18:55. https://www.ted.com/talks/mihaly_csikszentmihalyi_on_flow.

31 預防大把鈔票沒有從天而降：Hafner, Peter. "The Top 3 Benefits of In-vesting in the Markets Early." *Active/Passive*, CNBC, September 12, 2017. https://www.cnbc.com/2017/09/12/the-top-3-benefits-of-investing-in-the-markets-early.html.

31 每天一秒鐘：1 Second Everyday home page, https://1se.co.

33 社會連結較多的公猴：Schülke, Oliver, Jyotsna Bhagavatula, Linda Vigilant, and Julia Ostner. "Social Bonds Enhance Reproductive Success in Male Macaques." *Current Biology* 20 (December 21, 2010): 2207–10. https://bit.ly/2vvjq95.

36 哈佛醫學院格蘭特研究：Mineo, Liz. "Good Genes Are Nice, but Joy Is Better." *Harvard Gazette*, April 2017. https://news.harvard.edu/gazette/story/2017/04/over-nearly-80-years-harvard-study-has-been-showing-how-to-live-a-healthy-and-happy-life.

38 人們高估了物質帶來的幸福：Norton, Amy. "People Overestimate the Happiness New Purchases Will Bring." HealthDay.com, January 25, 2013. https://consumer.healthday.com/mental-health-information-25/behavior-health-news-56/people-overestimate-the-happiness-new-purchases-will-bring-672626.html.

39 孕育生命的喜悅：Mosher, Dave. "Holding a Baby Can Make You Feel

Bodaciously High—and It's a Scientific Mystery." *Business Insider*, November 15, 2016, https://www.busines sinsider.com/ baby-bonding-oxytocin- opioids- euphoria-2016-10.

42 維繫健康關係的：Firestone, Lisa. "Forgiveness: The Secret to a Healthy Relationship." *Huffington Post*, October 15, 2015. https://www. huffpost.com/entry/forgiveness-the-secret-to-a-healthy-relationship_b_8282616.

50 無法以我預期：Vo, Lam Thuy. "How Much Does It Cost to Raise a Child?" *Wall Street Journal*, June 22, 2016. http:// blogs.wsj.com/economics/ 2016/06/ 22/ how-much- does-it-cost-to-raise-a-child.

50 曼哈頓小孩：Fishbein, Rebecca. "It Could Cost You $500K to Raise a Child in NYC." *Gothamist*, August 19, 2014. http://gothamist.com/2014/08/19/condoms_4life.php.

50 曼哈頓私立學校：Anderson, Jenny and Rachel Ohm. "Bracing for $40,000 at New York City Private Schools," *New York Times*, January 29, 2012, http://www.nytimes.com/2012/01/29/nyregion/scraping-the- 40000-ceiling-at-new-york-city-private-schools.html.

53 強光幻象：Pollan, Michael. *How to Change Your Mind: What the New Science of Psychedelics Teaches Us About Consciousness, Dying, Addiction, Depres sion, and Transcendence*. New York: Random House, 2018.

59 七十萬瀏覽人次："Get Your Sh** Together: NYU Professor's Response to Student Who Complained After He Was Dismissed from Class for Being an Hour Late Takes Web by Storm." *Daily Mail,* April 14, 2013. https://www.dai lymail.co.uk/news/article-2308827/Get-sh-t-NYU-professors-response-student-complained-dismissed-class-hour-late.html.

67 約翰・馬隆："#67 John Malone." *Forbes,* January 15, 2019. https://www.forbes.com/profile/john-malone/#349608415053.

69 就是個冒牌貨：Richards, Carl. "Learning to Deal with the Im- postor Syndrome." *Your Money* (blog), *New York Times,* Oc- tober 26, 2015. https://www.nytimes.com/2015/10/26/your-money/ learning-to-deal-with-the-impostor-syndrome.html.

69 70%的美國人：Page, Danielle. "How Impostor Syndrome Is Holding You Back at Work." *Better* (blog), NBC News, October 26, 2017. https://www.nbcnews.com/better/health/how-impostor-syndrome-holding-you-back-work-ncna814231.

69 它會變得更大聲：Vozza, Stephanie. "It's Not Just You: These Super Successful People Suffer from Imposter Syndrome." *Fast Company,* August 9, 2017. https://www.fastcompany.com/40447089/its-not-just-you-these-super-successful-people-suffer-from-imposter-syndrome.

77 出生在美國：Galloway, Scott. "Enter Uber." *Daily Insights*, Gartner L2, June 16, 2017. https://www.l2inc.com/daily-insights/no-mercy-no-malice/enter-uber.

87 每五年到七年：undby, Alex. "Bank Execs Offer Head-Scratching Answers." CBS News, January 14, 2010. http:// www.cbsnews.com/ news/ bank- execs- offer-head-scratching-answers.

87 資產泡沫：Kleintop, Jeffrey. "Where's the Next Bubble?" *Market Commentary* (blog), Charles Schwab, July 10, 2017. https://www.schwab.com/resource-center/insights/content/where-s-the-next-bubble

87 接近全面泡沫："5 Steps of a Bubble." *Insights* (blog), Investopedia, June 2, 2010. http://www.investopedia.com/articles/stocks/10/5-steps-of-a-bubble.asp.

87 **1999和2019年之間**："Brad McMillan: Similarities Be- tween 2017 and 1999," June 30, 2017, in *Your Money Briefing*. Podcast, MP3 audio, 5:55. http://www.wsj.com/podcasts/ brad- mcmillan- similarities-between-2017- and-1999/0EB5C970-1D74-4D6C-A7C8-1C8D7D08EC8B.html.

89 　平庸小子："25 Best Paying Cities for Software Engi- neers," Glassdoor. https://www.glassdoor.com/blog/25-best-paying-cities-software-engineers.

90 　他們也和四騎士：Galloway, Scott. *The Four*. New York: Portfolio, 2017. https://www.penguinran domhouse.com/books/547991/the-four-by-scott-galloway.

90 　超級街區：Gustin, Sam. "Google Buys Giant New York Building for $1.9 Billion." *Wired,* December 22, 2010, https://www.wired.com/2010/12/google-nyc.

90 　世界經濟論壇："An Insight, an Idea with Sergey Brin." Filmed January 19, 2017, in Davos- Klosters, Switzerland. World Economic Forum Annual Meeting video, 34:07. https://www.weforum.org/events/world-economic-forum-annual-meeting-2017.

105 我為《君子》雜誌：Galloway, Scott. "Silicon Val- ley's Tax-Avoiding, Job-Killing, Soul-Sucking Machine." *Es quire*, February 8, 2018.

142 讓小孩自己睡覺：Hollman, Laurie, PhD. "When Should Children Sleep in Their Own Beds?" *Life* (blog), *HuffPost*, November 3,2017. https://www.huffpost.com/entry/when-should-children-slee_b_12662942.

142 父母與嬰兒共眠："SIDS and Other Sleep-Related Infant Deaths: Expansion of Recommendations for a Safe Infant Sleeping Environment." *Pediatrics* 128, no. 5 (November 2011). http://pediatrics.aappublications.org/content/128/5/1030?sid=ffa523b4-9b5d-492c-a3d1-80de22504e1d.

142 日本人很喜歡共眠：Murray Buechner, Maryanne. "How to Parent Like the Japanese Do." *Time*, July 17, 2015. http://time.com/3959168/how-to-parent-like-the-japanese-do.

155 馬克・格林：Greene, Mark. "Touch Isolation: How Homophobia Has Robbed All Men of Touch." Medium, Au- gust 7, 2017. https://

medium.com/@remakingmanhood/touch-isolation-how-homophobia-has-robbed-all-men-of-touch-239987952f16.

155 肢體接觸活化：Keltner, Dacher. "Hands On Re- search: The Science of Touch." *Greater Good*, September 29, 2010. https://greatergood.berkeley.edu/article/item/hands_on_research.

160 快上五十倍：Galloway, Scott. "L2 Predictions Instagram Will Be the Most Powerful Social Platform in the World." No- vember 26, 2014. L2inc video, 1:24. https://www.youtube.com/watch?v=9bF9PF0Yvjs&feature=youtu.be&t=43.

160 童年早期接觸：Heshmat, Shahram, PhD. "Why Do We Remember Certain Things, But Forget Others?: How the Experience of Emotion Enhances Our Memories." *Psychology Today,* October 2015. https://www.psychology today.com/ blog/ science- choice/ 201510/ why- do-we-remember-certain-things-forget-others.

183 繼母和繼父：Whiting, David. "O.C. Divorce Rate One of Highest in Nation." *Orange County Register,* June 25, 2012. http://www.ocregister.com/2012/06/25/oc-divorce-rate-one-of-highest-in-nation.

186 該死的手機：Galloway, Scott. "Cash & Denting the Universe." *Daily Insights*, Gartner L2, May 5, 2017. https:// www.l2inc.com/daily-insights/no-mercy-no-malice/cash-denting-the-universe.

189 快思慢想：Kahneman, Daniel. *Thinking, Fast and Slow.* New York: Farrar, Straus and Giroux, 2011.

198 辦公大樓：Editorial. "6,686: A Civic Dis- grace." *San Francisco Chronicle,* July 3, 2016. http://projects.sfchronicle.com/sf-homeless/civic-disgrace.

198 讓世界變得更好：https://qz.com/563375/all-the-philanthropic-causes-near-and-dear-to-the-hearts-of-mark-zuckerberg-and-priscilla-chan.

198 軟體或自駕車：Hudack, Mike. "San Francisco: Now with More

Dystopia." *Mike Hudack* (blog). October 1, 2017. https://www.mhudack.com/blog/2017/10/1/san-fran cisco-now-with-more-dystopia.

200 **對的職業**：Galloway, Scott. "Prof Galloway's Career Advice." August 31, 2017. L2inc video, 3:54. https:// www.youtube.com/watch?v=1T22QxTkPoM&t=5s.

201 **比座位還寬**：Elliott, Christopher. "Your Airplane Seat Is Going to Keep Shrinking." *Fortune,* September 12, 2015. http://fortune.com/2015/09/12/airline-seats-shrink.

204 **多付每加侖27美分**：Petersen, Gene. "Why You Might Not Actually Need Premium Gas." *Consumer Reports,* May 7, 2018. https://www.consumerreports.org/fuel-economy-efficiency/why-you-might-not-actually-need-premium-gas.

206 **資產排名前1%**：Close, Kerry. "The 1% Pocketed 85% of Post-Recession Income Growth." *Time,* June 16, 2016. http:// t ime.com/money/ 4371332/ income- inequality-recession.

238 **Uber司機**：Newcomer, Eric. "In Video, Uber CEO Argues with Driver Over Falling Fares." *Bloom berg,* February 28, 2017. https://www.bloomberg.com/news/articles/2017-02-28/in-video-uber-ceo-argues-with-driver-over-falling-fares.

239 **感恩的事物**：Harvard Health Publishing. "Giving Thanks Can Make You Happier," Healthbeat. https://www.health.harvard.edu/healthbeat/giving-thanks-can-make-you-happier.

241 **五十幾歲的行銷學教授**：Galloway, Scott (@prof- galloway). https://twitter.com/profgalloway.

國家圖書館出版品預行編目（CIP）資料

蓋洛威教授的人生經濟學／史考特・蓋洛威 (Scott Galloway) 著；
吳芠譯 . -- 第二版 . -- 臺北市：天下雜誌股份有限公司 , 2025.06
272 面 ; 14.8×21 公分 . -- （天下財經 ; 581）
譯自：The algebra of happiness
ISBN 978-626-7713-06-8（平裝）

1.CST：自我實現　2.CST：幸福　3.CST：成功法

177.2　　　　　　　　　　　　　　　　　　114004713

天下財經 581

蓋洛威教授的人生經濟學
The Algebra of Happiness

作　　者／史考特・蓋洛威（Scott Galloway）
譯　　者／吳　芠
封面設計／Javick工作室
內頁排版／邱介惠
責任編輯／許　湘、張齊方

天下雜誌群創辦人／殷允芃
天下雜誌董事長／吳迎春
出版部總編輯／吳韻儀
出　版　者／天下雜誌股份有限公司
地　　址／台北市104南京東路二段139號11樓
讀者服務／（02）2662-0332　傳真／（02）2662-6048
天下雜誌GROUP網址／http://www.cw.com.tw
劃撥帳號／01895001天下雜誌股份有限公司
法律顧問／台英國際商務法律事務所・羅明通律師
製版印刷／中原造像股份有限公司
總　經　銷／大和圖書有限公司　電話／（02）8990-2588
出版日期／2020年1月20日第一版第一次印行
　　　　　2025年6月4日第二版第一次印行
定　　價／420元

THE ALGEBRA OF HAPPINESS
Copyright © 2019 Scott Galloway
Complex Chinese translation copyright © 2020, 2025 by CommonWealth Magazine Co., Ltd.
Published by arrangement with authors c/o Levine Greenberg Rostan Literary Agency
through Bardon-Chinese Media Agency
ALL RIGHTS RESERVED

書　號：BCCF0581P
ISBN：978-626-7713-06-8（平裝）

直營門市書香花園　地址／台北市建國北路二段6巷11號　電話／02-2506-1635
天下網路書店　shop.cwbook.com.tw　電話／02-2662-0332　傳真／02-2662-6048
本書如有缺頁、破損、裝訂錯誤，請寄回本公司調換

天下 雜誌出版
CommonWealth
Mag. Publishing

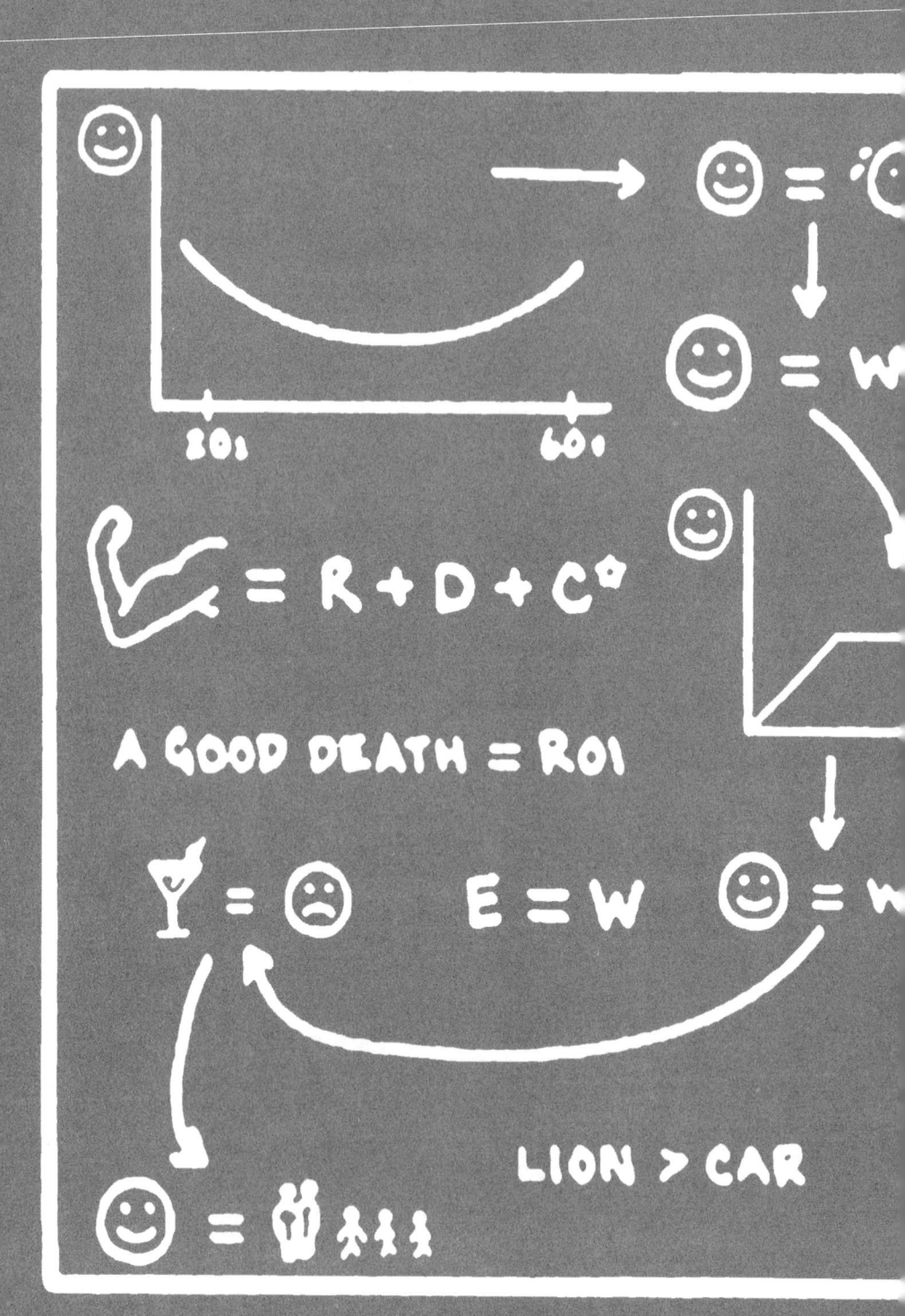

PERSONAL LIFE ———— WORK

$P° = \heartsuit + V + \$$

$\$ = 1000z + $ 🚩

$\$$ vs YEARS (graph)

ACTUAL ↓ < REAL ↓

ACTUAL ↑ < REAL ↑